ÉTUDES SYNTHÉTIQUES

SUR UNE

Organisation sociale logique, nécessaire, conforme aux lois naturelles

----

THÉORIE ET PRATIQUE

DU

COLLECTIVISME - INTÉGRAL - RÉVOLUTIONNAIRE

PAR ÉDOUARD BOULARD

Ont intérêt à la transformation radicale la plus rapide possible de l'état social individualiste, non seulement ceux qui y sont spoliés et victimes, mais aussi ceux qui en possèdent et accaparent tous les avantages.

TREIZIÈME ÉDITION

Mars 1893. — 15ᵉ mille

Editée par la Fédération des Travailleurs Collectivistes, au bénéfice de la propagande et des candidatures collectivistes,

PRIX FRANCO : 1 FR.

Se trouve chez LECOURTOIS, 38, rue Daubenton et à la Bibliothèque Socialiste du XXᵉ arrondissement, rue Delattre, 14.

PARIS

ŒUVRE DE PROPAGANDE, REPRODUCTION AUTORISÉE

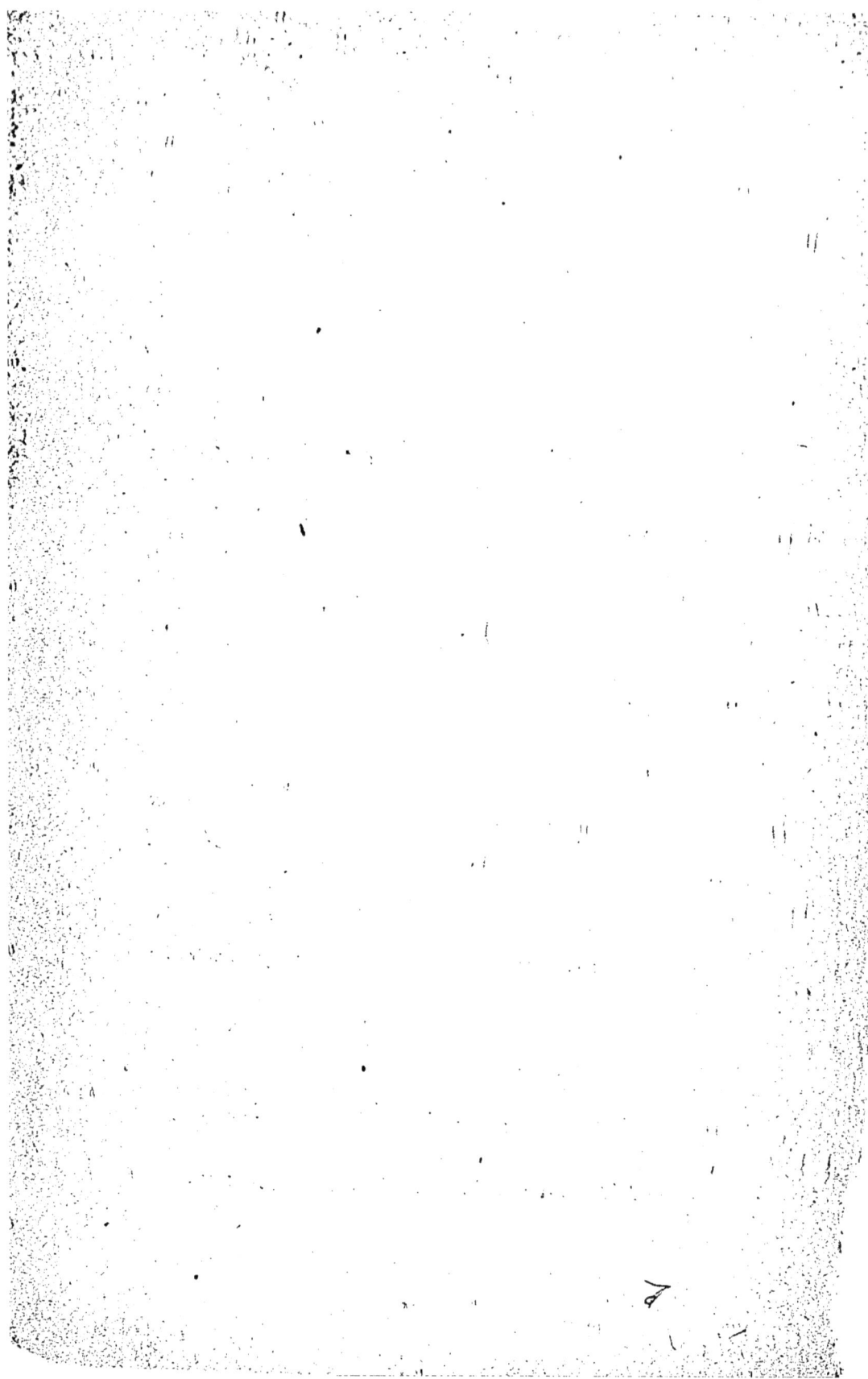

ÉTUDES SYNTHÉTIQUES

SUR UNE

Organisation sociale logique, nécessaire, conforme aux lois naturelles

....

THÉORIE ET PRATIQUE

DU

COLLECTIVISME - INTÉGRAL - RÉVOLUTIONNAIRE

PAR ÉDOUARD BOULARD

Ont intérêt à la transformation radicale la plus rapide possible de l'état social individualiste, non seulement ceux qui y sont spoliés et victimes, mais aussi ceux qui en possèdent et accaparent tous les avantages.

———

TREIZIÈME ÉDITION.

Mars 1893. — 15' mille

———

Editée par la Fédération des Travailleurs Collectivistes, au bénéfice de la propagande et des candidatures collectivistes.

PRIX FRANCO : 1 FR.

Se trouve chez LECOURTOIS, 38, rue Daubenton et à la Bibliothèque Socialiste du xxᵉ arrondissement, rue Delattre, 14.

PARIS

ŒUVRE DE PROPAGANDE, REPRODUCTION AUTORISÉE

1

DU MÊME AUTEUR

Un toast maç∴. (1874).

Les droits et devoirs actuels des socialistes (1876).

Hostilités cachées des pseudo-socialistes contre la véritable solution socialiste (1885).

Le jour et le lendemain de la Révolution socialiste (1886).

Devoir et tactique des véritables socialistes devant les palino dies parlementaires (1888).

Collectivisme–Intégral–Révolutionnaire

A LEIBNITZ, A CONDORCET, A MARAT

Octobre 1882.

ED. B.

A MA BONNE TANTE DÉFUNTE

ELVIRE LAROQUE

Avril 1887.

ED. B.

Chers amis,

« La 12ᵉ édition de Collectivisme-Intégral-Révolutionnaire,
celle de 1892, se terminait par ces quelques mots d'inquiétude
douloureuse :

« Pauvres écrits, vous formez un travail de bonne foi, fait
sans partis pris ni haines, ne cherchant que la vérité, la justice, la concorde et l'amour; pourtant, depuis que je cherche
à vous répandre par tous les moyens possibles, que de souffrances je vous dois.

« Ma conscience, seule, me soutient; elle me crie que mes
recherches constantes, sincères et sérieuses ont fait œuvre
exacte et utile.

« Si je me trompe, lecteur, j'espère que je ne t'aurai fait
perdre que quelques instants; si j'ai raison, quel bonheur !...

« Quoiqu'il en soit, je reconnais que ces écrits — résultats
de mes études, de mes recherches, de mes observations et
expériences de plus de trente années — sont au moins imparfaits et incomplets par mon insuffisance; aussi j'espère que
d'autres chercheurs les perfectionneront et les complèteront, ou
les rectifieront, s'il y a lieu.

« Ami, grâce à votre concours dévoué, énergique et infa-
tigable, je n'ai plus la torture du doute de moi-même, qui me
brisait de plus en plus; aussi, publiquement ici, je vous remer-
cie et reconnais que si mes efforts, pour être utiles, n'ont pas
été enterrés sous l'étouffement d'un silence aussi persistant
qu'implacable, c'est à vous que je le dois, à vos efforts résolus
et sans défaillances.

« Votre cordialement et reconnaissant obligé,

« Édouard BOULARD.

« 15 février 1893. »

AVIS AUX LECTEURS

Les trois petites études qui suivent résument tout ce que, depuis 1867, les socialistes conscients affirment et propagent partout où ils en trouvent l'occasion.

A ces militants, bien des citoyens demandent :

« Dans quel ouvrage se trouve l'exposé de vos doctrines? »

La réponse, quant à nous, à toujours été :

« Les détails de nos convictions nous ont été fournis par les œuvres, anciennes et contemporaines, de penseurs socialistes et des vrai savants.

« Ces détails, nous les réunirons, en les résumant, dans une brochure intitulée : *Collectivisme-Intégral-Révolutionnaire.* »

L'affirmation dernière était un engagement que nous prenions vis-à-vis de nous-même, il nous a — sitôt que la possibilité pécuniaire nous l'a permis — fait éditer ce petit volume dans lequel, sans peur, sans faiblesse, sans exagération, nous avons voulu être concis et clair, équitable et vrai ; puissions-nous avoir réussi? pour le moins nous y avons exprimé toute notre pensée, nous y avons, toujours, été sincère et bien intentionné.

Par l'expression ci-dessus *Collectivisme-Intégral-Révolutionnaire*, nous voulons indiquer la philosophie qui est affirmée et contenue, en abrégé, dans les trois étudrs suivantes, et, aussi, une forme d'état social qui sera basée sur la réciprocité des services et une solidarité effective; que cette réciprocité et cette solidarité devront être rendues obligatoires et faciles à tous et pour tout; que la réalisation de cette forme d'état social nécessitera le changement de la base de tous les états sociaux actuels; que, pour ce changement qui peut s'opérer, facilement, par de rapides évolutions; *si, hélas! l'égoïsme étroit et hypocrite de quelques-uns y met obstacle, les spoliés et les hommes d'honneur seront obligés d'employer la force, car alors cet emploi sera un droit et un devoir pour eux tous.*

Lecteurs, si, dans les pages que vous allez lire, nous sommes revenus plusieurs fois sur certaines idées, c'est que plus une idée nous paraît importante, plus nous croyons devoir la répéter dans nos travaux; et comme nous n'y cherchons que le vrai, *quel qu'il soit,* nous répondrons toujours et serons reconnaissant à qui nous demandera des explications ou nous adressera des critiques et des objections sur cet écrit et ceux que nous avons faits et pourrons faire; en procédant ainsi, nous désirons arriver, pour tous et avec tous, à faire un travail probant, aussi court et complet que possible, pour lequel nous n'aurons choisi ni nos preuves, ni la manière de les présenter :

ÉDOUARD BOULARD.·.,

Républicain, Collectiviste-Intégraliste-

Révolutionnaire.

2 novembre 1882.

A onze ans et demi apprenti monteur en bronze; à seize, ouvrier; à dix-neuf, maître d'études de troisième; à vingt-deux, sous-officier; puis ouvrier plombier, employé, entrepreneur des travaux publics, rentier et publiciste.

Si j'énonce ici les étapes de ma vie, ce n'est pas pour en tirer vanité, mais pour témoigner que c'est après avoir beaucoup vu, étudié, observé, réfléchi, que je suis partisan résolu de la transformation radicale de notre anarchie de concurrences et de haines, où je suis un des privilégiés, en une organisation harmonique, dans laquelle nous serons tous des coopérateurs et des associés.

Pour payer autant qu'il m'est possible ma dette à la Solidarité, dont je suis et veux rester un des serviteurs les plus inconnus, j'édite des petites brochures comme celle-ci au fur et à mesure que mes moyens pécuniaires me le permettent, je ne les signe que pour en prendre la responsabilité.

J'affirme à tous que je ne me fais aucune réclame, que je n'ai accepté dans le passé, et que je n'accepterai dans l'avenir aucun mandat avantageux.

Éd. B.

Sous le titre de : Développement, j'avais écrit une quatrième étude explicative et complémentaire des trois qui forment le présent ouvrage, mais comme elle avait plus d'étendue et m'eût coûté davantage à éditer que les trois autres, j'ai dû en extraire les idées principales, les condenser et les intercaler dans cette nouvelle édition, qui, ainsi, est plus complète que les précédentes.

Éd. B.

EXPLICATIONS A CEUX QUI VONT LIRE
LES ÉTUDES SUIVANTES

Il est indéniable que, jusqu'à présent, les peuples ont été induits en erreur et exploités, dans tous les temps et dans tous les pays, parce qu'on les a toujours courbés sous des organisations sociales reflets d'hypothèses empiriques, mystiques et dogmatiques, alors prédominantes et données comme vérités, ou scientifiques, ou révélées.

De plus, ces hypothèses, — qui n'ont cessé d'être basées sur un dualisme antagoniste : Substances actives et passives, Esprit et Matière, Bien et Mal, Force et Matière, etc., etc., — sont sources de luttes et d'égoïsme, et ne sont pas explicables logiquement.

Les doctrines spiritualistes et celles matérialistes ont donné naissance à toutes les croyances et exploitations religieuses, à celles prétendues scientifiques, et à toutes nos institutions sociales individualistes.

Quelque apparences qu'elles aient revêtues, quelque noms qu'elles aient pris, ces doctrines sont très dissemblables dans la forme et dans les nuances, mais elles sont pareilles au fond et pour les résultats.

Il est certain que si les conditions de notre existence dépendaient d'une puissance anthropomorphisme quelconque ou de forces brutales, nous n'aurions qu'une liberté négative, notre milieu social serait indépendant de nos efforts, toutes les exploitations humaines et tous les sacerdoces seraient justifiés. C'est bien ce que savent les hommes qui affirment que nos investigations doivent être bornées à ce que nos sens peuvent apprécier, et ceux qui proclament qu'il y a des mystères devant lesquels notre raison doit se courber.

Comme les masses ont toujours été et sont encore spoliées au nom d'une prétendue science que le milieu sociologique où elles vivent ne leur permet pas de contrôler dans ses affirmations, je les engage à ne se préoccuper que des moyens de conquérir l'état social où leurs aptitudes intellectuelles seront développées intégralement et où elles pourront, alors, avoir les possibilités de juger les hypothèses affirmées comme scientifiques.

C'est donc particulièrement aux personnes qui s'occupent sincèrement des questions scientifiques, que je présente les affirmations de ma première étude comme les principaux détails d'une hypothèse à vérifier, en recherchant continuellément si elle a, pour elle, toutes les probalités sérieuses que présente l'ensemble des faits dans le Temps et l'Espace.

Une hypothèse ne peut être rigoureusement exacte, si elle est en contradiction avec un seul des faits dont elle s'occupe; car toute hypothèse doit être formulée pour expliquer des faits suivant leur loi, et aucun fait ne peut faire exception à la loi dont il est tributaire.

Éd. B.

Lecteur, si tu n'es pas familiarisé avec les problèmes de la philosophie, continue la lecture de cette brochure par sa troisième partie, toute de pratique et d'actualité; lis ensuite sa deuxième, et termine par sa première, qui tend à être une synthèse concise des résultats philosophiques actuels, acquis scientifiquement.

En lisant ainsi COLLECTIVISME-INTÉGRAL-RÉVOLUTIONNAIRE, tu le verras successivement dans : Ses premiers moyens pratiques et efficaces; son but le plus rapproché; sa base et son droit scientifiques, conformes aux lois immuables de la nature.

ÉD. B.

PREMIÈRE ÉTUDE

—

Dans cette étude — à laquelle je donne une forme qui me permet d'être en même temps le plus bref et le plus explicite qu'il m'est possible — je cherche la base de la plus logique et meilleure société humaine dans la connaissance des lois naturelles.

J'ai la conviction absolue : Que la connaissance de ces lois — quelles qu'elles soient — donnera à tous les moyens les plus pratiques, les plus rapides, les plus efficaces de conouérir cette société et de la rendre inébranlable ; que cette connaissance ne peut s'acquérir seulement par l'observation — forcément superficielle et inefficace — de quelques phénomènes naturels, mais par l'étude réfléchie, comparative et coordonnée de l'ensemble de tous ceux qui sont à la portée des investigations humaines.

Aussi, dans cette étude, mon but est surtout d'attirer l'attention et la discussion de tous les penseurs qui, scientifiquement, cherchent la vérité et la morale ou règle de conduite qu'elle indique ; mais comme, par-dessus tout, je reconnais, avec tous les socialistes sincères et sérieux, qu'il est indispensable que chaque homme puisse, lui-même, poursuivre, trouver, servir la vérité — pour en tirer au mieux la véritable satisfaction de ses intérêts, et n'être pas la dupe d'affirmations mensongères — j'étudierai dans les parties suivantes de ce travail comment, le plus sûrement, il peut obtenir ces résultats.

Par suite, j'engage ceux de mes lecteurs qui ne seraient point familiarisés avec les questions scientifiques, mais qui se préoccupent surtout du but social à atteindre, de commencer la lecture de ce travail par la dernière étude et à la terminer par la première; enfin, je les avertis tous que les idées que j'exprime dans les renvois de ces études sont celles sur lesquelles j'appelle spécialement leur attention.

SYNTHÈSE COSMOLOGIQUE

sous forme de testament philosophique et social

Pour chacun de vous, lecteurs, j'espère que les propositions et les explications de ce testament s'éclairciront et se compléteront les unes par les autres, ainsi que par la critique rigoureuse que vous ferez de chacune d'elles et de tout leur ensemble.

Pour les concevoir, j'ai beaucoup, beaucoup lu, et plus encore observé et réfléchi, je les ai combinées et conclues, par analogies, inductions et déductions, analyses et synthèses alternatives, du peu de savoir que j'ai pu acquérir sur l'ensemble des connaissances humaines; je les ai vérifiées par l'application, à chacune d'elles, du raisonnement par l'absurde et en cherchant, sans le trouver, un seul fait, bien observé, qui soit la négation de sa probabilité.

Je désire qu'elles énoncent clairement et brièvement : 1° le peu d'axiomes en dehors de ceux des sciences mathématiques, conquis par l'observation et les expériences de l'homme; 2° les manières d'être qui sont communes à tout ce qui se manifeste dans le temps et l'espace, et celles inexactement présentées, par toutes les hypothétiques théories actuelles, de différents phénomènes complexes et peu connus; 3° les inductions et les déductions logiques tirées des sources d'informations ci-dessus.

Je désire qu'elles établissent : 1° que tout ce qui est dans

le Temps et l'Espace procède d'une seule Cause, et se compose
d'unités homogènes, libres et responsables dans les limites
d'une loi immuable qui ne les soumet qu'à une seule et réciproque obligation ; que ces unités ont une origine identique et
simultanée, une égalité absolue, et une même destinée de
développements sans fin ; 2° que les mots : Esprit et Matière
Substances et Corps, Organiques et Inorganiques, etc., etc.,
ne sont que des expressions générales représentant, confusément, des situations différentes du développement des Êtres ;
3° qu'il n'y a rien d'opposé et de contradictoire dans la nature,
ni entre la nature et sa Cause.

Je termine ces préliminaires nécessaires à la compréhension
du but poursuivi et de la méthode employée dans la présente
étude, en proclamant à nouveau, qu'autant qu'il m'a été possible, je l'ai écrit en termes techniques pour qu'elle ne solli-
cite aucun assentiment crédule, et qu'elle obtienne l'attention sérieuse des hommes qui cherchent la vérité dans les
seules révélations de la nature. J'ajoute que les meilleures expressions du langage humain ne peuvent qu'imparfaitement
dépeindre tout ce qui n'est pas dans les conditions du développement de l'homme, et qu'elles sont surtout tout à fait insuffisantes quand il s'agit de l'Infini.

Ceci, que je détruirais immédiatement si mon jugement se modifiait, est mon testament philosophique et social ; ma ferme volonté est d'y affirmer les
résultats des incessantes, méthodiques et sincères
recherches de ma vie actuelle.

Ces résultats me donnent de plus en plus la conviction que, **dans les faits et le savoir réel acquis par l'humanité,** aucune probabilité n'infirme, et toutes autorisent les propositions suivantes :

1. — C'est seulement dans l'étude réfléchie et comparative de tout ce qui existe dans le Temps et l'Espace, — et dont l'expression « la Nature » n'est pas la personnification, mais seulement la désignation générale — que peut exister pour chaque individu la révélation permanente, universelle de sa règle immuable de conduite.

Il y apprend par les travaux de tous : Qu'aucun de ses actes n'est indifférent, que tous sont des causes dont il subira inéluctablement les effets ; qu'il ne doit jamais sacrifier les intérêts de son lendemain aux séductions du moment actuel.

Qu'il lui est utile de connaître, le plus exactement possible, les phénomènes de ses milieux ambiants, pour modifier, s'ils sont modifiables, ceux qui lui sont nuisibles par leurs effets ; et qu'il n'en peut modifier un seul, s'il n'en connaît la ou les causes.

Que pour modifier avec avantages certains une cause quelconque, il faut qu'il la connaisse aussi complètement que possible dans son principe, c'est-à-dire dans sa cause initiale ; qu'ainsi, son intérêt principal et permanent est de chercher à connaître cette cause par ses effets, au moins dans ce qu'il peut en percevoir.

Que pour ce but, ses recherches et ses efforts isolés restent insuffisants, mais que la résultante de ceux de tous affirme **clairement** tout ce qui suit,

2. — Aucune réalité ne peut exister par elle-même — être sa cause — si elle n'est absolument indépendante et libre.

Dans le Temps et l'Espace :

Rien n'est indépendant, rien n'est absolument libre : Tout est coordonné et solidaire, tout a ses limites de liberté ;

Rien n'est semblable, mais rien n'est inégal : Tout est de même valeur, car tout est nécessaire au fonctionnement général.

Il n'y a pas d'effet ou de phénomène sans cause ; de cause comportant son contraire ; d'effet manifestant ce que sa cause ne possède pas, au moins en puissance ; de cause produisant, dans ses effets même les plus éloignés, ce qu'elle n'a pas elle-même.

Rien ne se perd, rien ne se crée, tout se combine : Ce qui est simple est éternel et ne change ni de nature, ni de volume, ni de forme ; ce qui est composé est momentané, se décompose, se recompose, se transforme, se développe.

Le simple est l'infiniment petit, il est l'essence et le principe vital de tous les composés ; les composés sont des touts individuels, instruments des manifestations de la vie ; ils sont formés d'infiniment petits.

Les caractères essentiels et universels de la vie sont : L'individualisation, un commencement, un accroissement, une activité interne agissante et réagissante extérieurement, enfin une désorganisation.

Tout ce qui actuellement existe n'a pu être, originellement, qu'un ensemble en état d'extrême diffusion et partout identique ; c'est de cet ensemble que résulte tout ce qui s'est manifesté, se manifeste et se manifestera.

De tout ce qui a été, qui est, qui sera indéfiniment, les manifestations innombrables, incessantes et variées sont formées des mêmes éléments éternels diversement groupés, différant par leurs qualités acquises, mais pareilles par leur essence et leur volume (l'infiniment petit).

Toutes les agglomérations dites inorganiques sont composées de mollécules, toujours en activité dite de mouvements inter-moléculaires, et séparées plus ou moins entre elle; chacune de ces mollécules est elle-même un composé et n'est pas identique à ses voisines par ses qualités et son volume (étendue, pesanteur, forme).

Tout vit comme Êtres distincts et immortels, se manifestant et se perfectionnant indéfiniment en des vies diverses, successives, de plus en plus développées, radieuses, vivifiantes; leur seule cause finale est la perfectibilité éternelle.

Ces Êtres et les lois de possibilités de leurs manifestations procèdent, **nécessairement**, d'une réalité qui est elle-même sa cause.

Nécessairement, cette **Cause-Première** seule possible — indispensable et suffisante — est permanente, immuable, éternelle, toute d'essence et d'attributs actifs, parfaits, infinis, absolus, inséparables; et les Êtres émanent d'un de ces attributs : **Le Pouvoir-Souverain**, se développent dans un autre : **Le Présent-Infini**, sont essence et attributs perfectibles éternellement.

Si ce paragraphe n'est pas absolument exact, rien de ce qui est écrit dans le présent ouvrage ne peut être exact.

3. — Les Êtres existent et évoluent par et dans les influences de la Cause-Première, ils étaient originellement identiques les uns aux autres, mais dès lors ils se sont différenciés, car chacun d'eux, dans les

limites de son vouloir, se servant différemment de ses attributs — pour unir ou opposer son moi à celui des autres :

On a fait à ses attributs des acquisitions particulières et s'est créé ses premières facilités vitales par de la solidarité en s'unissant librement à de ses semblables pour chercher le bien général :

De ces premières unions et associations d'Êtres commencent les possibilités indéfinies d'organismes.

On s'est tenu en puissance de possibilité, qu'il ne pourra commencer à utiliser qu'en faisant acte de solidarité :

S'isolant dans ses appétits par des résistances et des luttes égoïstes, et tant qu'il reste réfractaire à la Solidarité, cette unique loi universelle, il demeure isolé au milieu d'autres Êtres rendus comme lui par leur amour d'eux-mêmes jaloux, hypocrites, violents, dominateurs ; alors ses possibilités, qu'il n'utilise pas, peuvent être mises en action par des Êtres qui se sont développés par le bon emploi qu'ils ont fait de leur vouloir.

Tout organisme est une agglomération, ou une colonie, ou une réunion, ou une association d'Êtres.

Tous les organismes, quels qu'ils soient, sont en continuelles modifications et sans cesse sujets à destruction ; sans que les Êtres, qui sont le lien des individualités qui les composent aient à souffrir de ces modifications et de cette destruction : Au contraire, ils y trouvent des facilités pour se modifier avantageusement et progressivement.

Plus un Être est développé par la Solidarité : Mieux l'activité de son essence et de ses attributs se manifeste par des effets nombreux, puissants, utiles, continuels; plus les organismes qu'il choisit et ceux qu'il créé sont composés d'Êtres de divers développements.

C'est l'usage qu'un Être, avec ou sans organisme, fait de son vouloir qui mesure toute sa responsabilité.

Ce vouloir qui consiste pour chaque Être en sa puisance à choisir entre les différents mobiles que lui fournit son état actuel, est sollicité par ses aspirations présentes qui sont sources de tous ses mobiles actuels.

Toutes les aspirations d'un Être n'ont qu'un foyer : L'amour à l'une de ses innombrables nuances; depuis celle infiniment bornée et négative de l'égoïsme, jusqu'à celle infiniment parfaite et puissante de l'amour universel.

Moins est développée une vie d'un Être, moins son vouloir y a de mobiles; plus elle est développée, plus nombreux sont ceux qui l'y sollicitent; plus il est supérieur dans un de ses développements vitaux, plus il y est raisonné et stable dans son vouloir et dans ses actes.

Jamais les actes d'un Être ne sont contraires à son vouloir, et son vouloir n'est jamais annihilé.

Un Être a sa liberté moindre que son vouloir de toutes les impossibilités qu'il éprouve à manifester les actes de celui-ci; plus il mesure d'un de ses organismes, plus y a sa liberté restreinte.

4. — Dans la nature et sous la rigidité de ses lois, les acquisitions d'un Être ne dépendent que de lui :

Les unes, utiles à tous, sont intimes, profondes, réelles, essentielles à son perfectionnement, elles

améliorent son essence et ses attributs, leurs rayonnements sont psychiques, forces et causes naturelles
indestructibles ; les autres ne sont qu'extérieures,
superficielles, provisoires, relatives au fonctionnement de ses organismes successifs, leurs manifestations sont physico-chimiques et produisent les forces et les causes artificielles et momentanées.

Tout rayonnement et toute manifestation d'un Être
sont une cause ou une réunion de causes produisant
des effets organisateurs ou perturbateurs, plus ou
moins puissamment ressentis par d'autres Êtres dans
leur organisme.

Les organismes sont pour l'Être les instruments
de ses manifestations et de ses acquisitions ; il en est
le lien et le promoteur ; il les cherche et les perfectionne indéfiniment dans les limites de lois immuables ; et leurs imperfections de toutes sortes
viennent, par ces lois, de l'usage égoïste qu'il a fait
de son vouloir.

5. — Plus les Êtres s'associent entre eux de façon
fraternelle, intime et prolongée, plus leurs acquisitions leur sont faciles et avantageuses ; plus ils s'i-
solent, plus ils restent arriérés.

La lutte entrave leur développement : Elle a pris
naissance et se continue par l'usage orgueilleux, jaloux, égoïste, qu'il font de leur vouloir ; elle les
punit en leur créant, dans leurs organismes, de factices et passagers besoins, lesquels se satisfont, en
grande partie, sur et par d'autres organismes.

Les formes ou individualités organiques sur lesquelles la lutte est habituelle sont les plus inférieures ; les organismes qui les composent et s'y

meuvent vivent les uns des autres : Les plus développés peuvent façonner et organiser les plus arriérés pour se les adjoindre comme outillage d'utilités
plus ou moins automatiques à résultats restreints,
spéciaux, artificiels transitoires : et créer ainsi, incon-
sciemment, des possibilités futures de choix à des
Êtres qui leur sont très inférieurs de développement.

Il y a de nombreux Êtres qui, par le bon usage
constant de leur volonté, n'ont jamais eu à lutter
contre ces besoins ; d'autres, au contraire, par le
mauvais emploi antérieur de la leur et la responsabilité réparatrice qui leur en incombe, passent des
périodes de leur développement avec et sur des organismes où la lutte est habituelle et générale. Ils
doivent, de plus en plus, combattre cette lutte et la
transformer en amour et Solidarité ; car plus un Être
se développe, plus il se débarrasse de ses responsabilités antérieures, plus il domine et moins il subit
— comme individu — la diversité et la puissance
des influences organiques des autres Êtres.

6. — La liberté et les acquisitions inégales et différentes des Êtres sont les causes de la dissemblance,
de plus en plus sensible, de leur manière d'évoluer
dans l'infinité de l'Espace et du Temps.

Dans l'infinité de l'Espace et du Temps, le nombre
indéfini des Êtres et leur volume (étendue, pesanteur, forme) qui est l'infiniment petit, l'indivisible,
l'élémentaire ne varient pas, mais leurs organismes,
leurs manifestations, leurs mobiles, leurs locomo-
tions et leurs aspects y sont variables.

7. — Par leurs efforts à se perfectionner, tous coopèrent au progrès indéfini.

Dans ce progrès, ils élargissent de plus en plus les limites de toutes leurs possibilités ; ils apprennent à connaitre et à servir les lois dans lesquelles ils évoluent.

Ces lois ne sont que des faces et des degrés d'une obligation unique qui lie tous les Êtres les uns aux autres pour leur perfectionnement ; elles sont les rapports éternels et immuables qui régissent toutes leurs possibilités et amènent, inéluctablement, les conséquences logiques de chacun de leurs actes.

8. — Par chacune de leurs acquisitions intimes, ils ajoutent à la somme de leur liberté, à la puissance de leur action : A leur **développement**; en rapprochant et pénétrant leur essence de celle de leur **Principe-But**, sans jamais l'atteindre, ni devenir inégaux et hiérarchiques devant **Lui**.

Chacun d'eux a tendance et avantage à s'unir, comme promoteur, à un organisme formé d'autres organismes que meuvent des Êtres plus arriérés que lui, et à se joindre à celui mû par un Être d'un développement vital supérieur au sien, sur lequel momentanément il se mouvra et sera incité à chercher et à prendre du perfectionnement.

Quel que soit son état psycho-physiologique quand il quitte un de ses organismes, il n'est pas débarrassé des influences de cet état ; il reste : Avec une tendance à les faire agir, plus de liberté psychique pour son vouloir, moins de possibilités physiques dans ses manifestations.

Il peut, alors, volontairement, rester sans s'allier à

un autre organisme pendant des périodes plus ou moins prolongées, cherchant, observant, prenant des résolutions, mais sans pouvoir faire aucune acquisition ; gardant, forcément, la même individualité qu'il avait dans sa dernière vie organique.

En s'unissant à un autre organisme, il restera le même Être, mais il deviendra un nouvel individu qui, tout en profitant de chacune des acquisitions intimes de ses individualités passées, n'aura plus le souvenir de celle-ci ou n'en aura conscience, moins ou plus, qu'en raison de son état psychique relativement bien équilibré et déjà supérieur.

9. — Chaque Être a, toujours, une atmosphère ou influence extérieure sensible et rayonnante en rapport avec son état psychique ; plus il est développé, plus il rayonne, par son atmosphère, en influences vivifiantes diverses, pénétrantes et universelles.

L'atmosphère d'un Être, sans organisme, est formée par le rayonnement de ses possibilités psychiques.

Celle d'un organisme est formée de ses influences et propriétés physico-chimiques, composées de celles des organismes qui vivent de lui et des rayonnements psychiques des Êtres qui s'y meuvent et doivent, organiquement, vivre et revivre de la vitalité de cet organisme : Ainsi, la planète Terre, sur laquelle nous nous mouvons, et dont nous sommes comme les cellules cérébrales, a dans son atmosphère des myriades d'Êtres divers, depuis ceux qui entreront, organiquement, dans des compositions que la connaissance humaine ne sait pas encore décomposer, jusqu'à ceux qui, ayant eu un certain nombre d'organismes humains, n'ont pas fait toutes les acquisitions réelles que cet organisme comporte, ou n'ont pas réparé leurs non-bien antérieurs.

C'est avec les atmosphères des Êtres, avec celles de leurs organismes, et par ces organismes, que s'opèrent et se manifestent tous les effets : Organisateurs ou désorganisateurs, lumineux ou obscurs, attractifs ou répulsifs, réels ou apparents, durables ou momentanés, etc., etc.

Aucun effet n'est le contraire absolu d'un autre : Il n'en est qu'une nuance en plus ou en moins. Tous les effets — autres que les Êtres et les lois qui réagissent leurs possibilités — sont des résultats secondaires d'influences collectives, plus ou moins conscientes.

10. — L'Être ne s'unit définitivement, comme promoteur, à un organisme que quand celui-ci a acquis ses caractères d'individualité.

Avant, il exerce son influence psychique sur la réunion, le concours plus ou moins inconscient, les actes organiques moins ou plus éclairés des Êtres de divers développements à qui cet organisme embryonnaire doit son origine, ses manifestations évolutives, et sa vitalité de cohésion comme est celle de toutes les agglomérations, colonies ou réunions d'Êtres organisés, qui n'ont pas de promoteur définitif ou en sont séparées momentanément.

Plus l'Être promoteur d'un organisme inférieur y a son état psychique supérieur et bien équilibré, plus il a pouvoir de s'en isoler, momentanément, sans le quitter définitivement : Cet organisme conserve alors une vitalité latente, entretenue par les influences ambiantes, et ses fonctions sont suspendues plus ou moins.

Quand elle a un promoteur, une réunion d'Êtres a ses évolutions plus soustraites aux influences extérieures.

Chaque Être, en se modifiant, modifie les mobiles artificiels de ses actes ; il évolue : En cherchant, en imitant, en se recommençant comme individu ; en repassant par de ses formes organiques antérieures, lesquelles se réalisent en évoluant par des caractères de leurs types ancestraux ; en profitant des acquisitions de ses vies antérieures, de toutes celles intimes, et seulement de celles organiques par lui acceptées ou voulues.

Par les lois de la Nature tous les Êtres profitent, en modèles et influences bienfaisantes, des acquisitions des uns et des autres ; mais, chacun d'eux n'hérite — comme Être et comme individu — que de ce qu'il a acquis personnellement dans ses vies antérieures.

11. — Dans la liberté de leur marche progressive, tous les Êtres ne passent point par les mêmes systèmes et le même nombre d'organismes ; ils peuvent évoluer, chacune de leurs acquisitions essentielles, **avec** et **sur** des formes organiques et dans des milieux semblables ou dissemblables de même valeur.

Il n'est pour les Êtres aucune forme organique par laquelle ils doivent passer, inévitablement, pour leur développement.

Dans ces formes, toutes créées par les Êtres, pas une n'est identique à une autre, parce qu'elles dépendent d'acquisitions individuelles ; mais toutes sont unies par une commune essence, rapprochées et mélangées par d'infiniment petites différences de variétés et de diversités dans leurs détails.

Plus est développée une forme organique dans laquelle les Êtres qui la dirigent n'arrivent point à évoluer la phase nécessaire de développement qui leur est actuellement possible, moins elle a de persistance dans le Temps et l'Espace.

Moins est développé l'organisme d'un Être, moins celui-ci, comme individu, est lié organiquement aux organismes des Êtres avec lesquels il s'est réuni dans une agglomération ou une colonie ; plus son organisme est développé, plus, comme individu, il est organiquement en alliance intime, complète et nécessaire avec les organismes des Êtres auxquels il est lié et qui forment ses organites, ses organes, son organisme.

Plus une forme organique est développée, plus elle contient de variétés, de nuances et de spécialisations dans les acquisitions des individus qui la revêtent.

Plus elle est supérieure : Plus est puissant son promoteur, plus sont compliquées son organisation et sa désorganisation, plus sont diversement développés les organismes des Êtres dont il est le microcosme, plus est liée sa vie à la leur et à celle des individus qui concourent à sa vitalité et à ses acquisitions, plus est complexe sa division du travail, plus sont multiples et diverses ses manifestations et influences :

Du reste, tous les organismes sont de même essence et ne diffèrent les uns des autres que de nuances et de degrés dans leurs possibilités de manifestations et d'influences.

Unis solidairement dans une agglomération, une colonie, une collectivité intégrale, des individus de même espèce sont toujours occasions à naissances d'autres individus qui leur sont supérieurs d'espèce et de développements.

12. — Les Êtres ont tendance à imiter.

Cette tendance moins consciente et plus visible dans les organismes déséquilibrés et dans ceux des Êtres peu avancés, se manifeste surtout dans des apparences et mouvements désordonnés, extérieurs, illusoires et momentanés.

13. — L'Être est simple et indestructible ; action et principe de forces ; réfractaire, s'il le veut, à toute influence autre que celle de la Solidarité ; il ne rétrograde jamais, et ne peut être imité artificiellement : Seul, dans la nature, il a l'incompressibilité et l'impénétrabilité matériellement absolues.

Ses organismes sont composés ; en continuelles modifications ; sensibles à toutes les influences ; ils se désorganisent, et peuvent être reproduits artificiellement de façon illusoire et momentanée.

14. — L'organisme, les besoins, l'intelligence, la sensibibilité, la licence, la liberté, **l'état psychophysiologique** d'un Être sont toujours en rapport d'équivalences : Entre eux ; avec son degré de perfectionnement ; la possibilité et l'intensité de ses plaisirs et de ses peines ; le bien et le non-bien qu'il peut accomplir.

Le bien est tout acte de Solidarité ; il a pour but le développement vital et le perfectionnement incessants de l'Être par la satisfaction de ses besoins **réels**; ses effets sont avantageux et illimités.

Tous les non-bien viennent de l'individualisme ou amour de soi; ils ont leur origine dans le vouloir momentané d'Êtres se formant des mobiles illusoires; leurs conséquences sont fâcheuses, mais restreintes.

La Solidarité associe les Êtres dans le progrès, elle est harmonique; l'individualisme isole l'individu dans l'anarchie, il est perturbateur.

Les affirmations et les négations intolérantes sont **au moins** erreurs d'individus superficiels qui donnent un arrêt de développement à un de leurs attributs intimes d'Êtres : La **Généralisation**.

Tout acte ou même tout propos égoïste contre la Solidarité est une faute sérieuse.

15. — Les aspirations et les besoins **réels** d'un Être lui sont lois incitatrices à conquérir tous les avantages **vrais** dans et sur les milieux où il se meut.

16. — Un des biens qu'un Être peut accomplir de plus en plus est d'employer énergiquement sa volonté à soulager ses semblables dans leur organisme; s'il prend dans le sien une partie des maux dont il veut les débarrasser, c'est qu'il s'acquitte envers eux de non-bien antérieurs; ce qu'il peut faire de plus utile et de plus méritant, après avoir acquis la bonté nécessaire, est de se consacrer au plus grand bien de tous et de chacun.

17. — La bonté est nécessaire au plus grand bien de tous les Êtres; toute évolution de l'un deux en

nécessite à son sommet une quantité qui est la résultante de toutes les qualités qu'il a acquises.

La bonté est indulgente et ferme, sans faiblesse ni
exagération ; elle est Amour, Justice et Solidarité.

Cette bonté est le levier le plus puissamment efficace du vouloir ; et le vouloir — appuyé sur elle —
est le moyen et la cause : De tout ce qui est indestructible dans la nature, des plus puissantes actions
évolutives de chaque individu et de sa possibilité de
conquérir la connaissance de la vérité qui lui est
actuellement accessible.

Connaissance de la vérité et science réelle sont
synonymes.

18. — Les efforts d'un Être pour devenir bon lui
servent efficacement à acquérir les qualités qui lui
sont utiles pour s'élever dans son existence ascension-
nelle.

19. — Tout le bien qu'accomplit un Être lui donne
un profit égal ; les non-bien qu'il fait, et ceux qu'il
tolère sans s'y opposer de toutes ses forces, lui amènent une responsabilité inéluctable.

20. — Le profit d'un Être consiste dans ses acquisitions ; sa responsabilité, dans la réparation imprescriptible vis-à-vis des autres des torts qu'il leur a
occasionnés, même par indifférence.

21. — Il ne peut acquérir des formes organiques
plus élevées que celles qu'actuellement il meut, s'il
n'a fait toutes les acquisitions que celles-là exigent,
et réparé les non-bien commis dans celles-ci.

2.

Dans le Temps et l'Espace, aucune de ces formes n'est circonscrite, toutes tiennent les unes aux autres et se transforment par une infinité de possibilités.

22. — Autant qu'il mésuse d'un de ses organismes, il est astreint à en prendre d'équivalents.

N'ayant point d'incitation naturelle à en chercher de plus élevés, s'il choisit, par orgueil, un organisme pour la conduite des évolutions duquel sa situation est insuffisante, il en supporte une pénible responsabilité.

Cette responsabilité se traduit, au moins pour lui, par un état psycho-physiologique déséquilibré, luttant entre les tendances opposées de sa vie organique actuelle et celles des influences psychiques inférieures dont il ne s'est pas débarrassé; d'où, souvent, ses manifestations maladives d'actes régressifs tout opposés à sa manière d'agir habituelle.

23. — Les organismes que peut prendre un Être sont à l'infini dans leur nombre et leurs variétés.

24. — L'Être choisit l'organisme instrument des manifestations et des acquisitions qui lui sont actuellement possibles.

S'il se guide par le désir de réparer ses torts antérieurs, par le souvenir de ses affections ou de ses inimitiés anciennes, il choisit le milieu le plus rapproché et l'organisme le plus pareil au milieu et à l'organisme où il avait contracté ces torts, ces affections, ces inimitiés : Son organisation et ses manifestations extérieures sont, alors, caractérisées par toutes sortes d'apparences d'hérédités pathologiques et regressives, d'habitudes et de ressemblances ancestrales.

25. — Les attributs ou rayonnements de la **Cause-Première** sont le principe des lois naturelles.

Dans leur **immutabilité** et l'infini de leur puissance, de leur sagesse, de leur justice, de leur **bonté**, ils rendent tous les Êtres solidaires les uns des autres; ils permettent à chacun d'eux d'obtenir dans ses recherches, alors qu'elles sont sincères, non de la certitude, mais des lumières efficaces venues d'Êtres plus avancés que lui; ils donnent une sanction inéluctable à chacun des actes de son vouloir; ils amènent la désagrégation de tout organisme qui ne peut plus être utile au perfectionnement de l'Être qui s'y est uni : Parce qu'il en a tiré tout le parti possible, ou qu'il l'a rendu impuissant à lui servir pour réparer ses torts antérieurs et faire les acquisitions qui lui sont nécessaires; enfin ils excluent la possibilité de tout ce qui leur est contraire.

26. — Cette proposition tend à prouver la concordance parfaite de l'hypothèse dont les grandes lignes sont esquissés dans les vingt-cinq propositions précédentes avec tous les phénomènes du Temps et de l'Espace.

En s'occupant de définir exactement des expressions habituelles à l'homme, avec explications des divers détails que comportent les phénomènes qu'elles indiquent, elle veut établir qu'elles s'accordent comme définitions avec l'hypothèse dont s'agit, l'ensemble des faits, et chacun d'eux; tandis que ces expressions, pour les faire s'accorder avec tous les faits que chacune d'elles représente, et avec l'ensemble des phénomènes de la nature, sont plus que toutes autres impossibles à définir logiquement, au moyen de n'importe quel système adopté par l'Humanité jusqu'à ce jour.

Pour représenter une série de phénomènes, l'usage permet qu'on se serve indifféremment de plusieurs mots qui, dans ce cas, sont des espèces de synonymes. J'ai dû, plusieurs fois, dans cette proposition, suivre cet usage; mais je reconnais qu'il serait préférable, pour éviter tout équivoque, que chaque mot ait une signification qui lui soit propre; aussi toutes mes explications et déffnitions se rapportent-elles surtout au substantif le plus proche d'elles, alors qu'il est séparé de ses synonymes par la conjontion *ou*.

Dieu ou Cause-Première. — Explication indispensable et suffisante, seule possible au comment et au pourquoi de tout ce qui est dans le Temps et l'Espace; la seule que n'infirme aucun fait, ni le raisonnement par l'absurde; la seule qui s'accorde bien avec les parcelles de vérité acquises expérimentalement par l'Humanité : *Il n'y a pas d'effet sans cause. Aucun effet ne contient ce que sa cause n'a pas, au moins en puissance. Tout composé a pour base le un, le simple, l'indécomposable, etc., etc.*

Ce comment et ce pourquoi concluent pour l'homme qui les interroge sincèrement :

A une *cause* originelle unique : Une Cause-Première.

Que nécessairement cette *Cause* est infinie, parfaite, permanente, immuable, éternelle; toute d'essence et d'attributs absolus, actifs, et inséparables : Bonté-Justice-Liberté-Puissance..., etc..., etc.

Qu'*Elle* est un tout indécomposable, sans limites ni formes physiques, que nul Être ne pourra jamais concevoir qu'incomplètement et imparfaitement, pourtant toujours suffisamment, et de mieux en mieux, en raison de son développement.

Que c'est *par* et *dans* les influences de l'essence et des attributs de cette *Cause* que sont, vivent, et se

développent tous les Êtres qui à l'origine ont eu à
l'infiniment petit, avec la possibilité de développements infinis, ce qui dans cette essence et ces attributs est infini dans l'immuabilité une et absolue de
leur perfection.

Création.

1. — De la **Cause-Première**, un acte de vouloir
permanent et immuable : Ce qui e t éternel dans la
Nature:

2. — Par les Êtres, toute transformation vivifiante
des milieux où et par lesquels ils se meuvent, toute
organisation d'un tout vital individuel dont l'état
évolutif est plus élevé que celui de tous ceux qui y
concourent et en profitent de façon plus ou moins
consciente et volontaire : Une molécule de gaz, d'air,
de fumée ; une goutte d'eau, d'huile, de sang ; un sel ;
un cheveu ; une cellule infiniment petite ; un soleil
infiniment grand ; etc., etc. ; sont des touts vitaux
individuels, vivants, ayant vécus, ou devant revivre,
de la vitalité organique ou de celle rayonnante de
l'organisme auxquels ils sont associés.

Les protoplasmes, les nuages, les comètes, entre
autres, ne sont pas des touts vitaux individuels, mais
des amas dits matériels.

Tout amas — soit disant formé de matière inerte,
solide, liquide, gazeuse, radiante, cosmique — qui n'a
pas les caractères d'un tout vital individuel est une
agglomération d'individus corporels, à organismes
très rudimentaires ; ou un organisme embryonnaire,
n'ayant pas encore son moteur ; ou un organisme se
désagrégeant, n'ayant plus son moteur ; ou une réu-

nion d'individus relativement développés, momentanément sans organisme.

Les amas et les touts vitaux dont le savoir humain peut conquérir la connaissance sont composés d'individus devant vivre, vivant ou pouvant revivre de la vitalité organique ou de celle rayonnante de la Planète Terre.

N'importe quel tout vital est le lien, la force, le moteur, le microcosme, d'une multitude d'individus ; toujours il a — du moins au plus — une connaissance ou conscience de son existence personnelle, ainsi que de posséder une certaine somme de liberté et de puissance.

Un amas quelconque n'est qu'un entassement d'individualités diverses. Il n'a aucune conscience, aucune liberté, bien qu'il soit composé de consciences libres et autonomes ; il n'est par lui-même générateur d'aucune force, bien qu'il soit un amas de principes de forces.

Toutes les créations organiques sont du domaine des Êtres ; aucune n'est imposée à leur vouloir.

Les possibilités des Êtres n'ont de limite que celles tracées par la bonté infinie de la **Cause-Première.**

Les possibilités des Êtres sont inépuisables ; chacun d'eux doit s'en créer de plus en plus parfaites par son vouloir et ses actes, et il ne peut en choisir aucune dans et par laquelle il puisse rétrograder.

Les limites des possibilités des Êtres, voulues par la bonté infinie de la **Cause-Première,** ne permettent à aucun d'eux d'accomplir un non-bien dont un autre serait victime ne l'ayant en rien encouru.

Plus un Être est parfait : Plus ses influences s'étendent et agissent au loin, pénètrent et vivifient profondément les autres Êtres; plus il a pouvoir 'et devoir de réagir contre toute action perturbatrice, d'aider, d'éclairer, de protéger, de créer, de concevoir et de faire concevoir la **Cause-Première**.

Chaque Être doit apprendre et comprendre du cognissible de la **Cause-Première** ce qui est relatif à son présent développement, et nécessaire pour en conquérir un supérieur; car il ne peut connaître la Nature, se connaître lui-même, et vraiment se développer qu'en raison de ce qu'il sait de la cause dont tout résulte.

Essence. — L'élément de toute existence et l'excitant de son vouloir.

Attributs. — Possibilités des manifestations, rayonnements et influences propres à chaque Être; qui lui donnent ses propriétés et ses possibilités, lui permettent de se connaître, de se manifester aux autres et de s'en faire connaître.

Essence et attributs sont de même principe essentiel dans la **Cause-Première** et chez tous les Êtres; Mais unité immuablement parfaite et infinie dans l'Une, multiplicité de moins en moins imparfaite et bornée chez chacun des autres.

Nature. — Expression qui désigne :

1° tout ce qui est éternel dans le Temps et l'Espace, c'est-à-dire les Êtres et les lois qui régissent toutes leurs possibilités : Ces lois rendent causes et influences perpétuelles les acquisitions réelles des Êtres;

2· L'ensemble des phénomènes de la vie qui s'affirme, successivement, par les organismes et leurs manifestations qui sont des influences et des causes artificielles se modifiant, se développant, et se détruisant sans cesse par transformations.

Les Êtres ne manifestent pas tous la vie sous les mêmes aspects.

Pour chacun d'eux une de ses vies et les nécessités organiques qu'elle comporte ne sont que de ses possibilités vitales et momentanées, résultat passager de ses choix antérieures et de ses responsabilités actuelles.

Cet Être est resté à se mouvoir dans un agglomérat minéral, il avait et conserve la possibilité d'être le promoteur d'un macrocosme radieux et vivifiant.

Ces deux situations ne sont pas les extrêmes de ce qu'il peut être resté et de ce qu'il pourrait être devenu, momentanément, dans l'infinité de l'Espace et du Temps.

Enfin le mot Nature ne doit jamais être pris comme représentant une entité ou personnification de tout ce qui est dans le Temps et l'Espace.

Mouvement, Action ou Force. — Résultante actuelle des influences organiques, des manifestations extérieures, des efforts, des résistances d'un Être ou d'une réunion d'Êtres.

Les effets fâcheux d'une force quelconque ne sont ressentis par un Être qu'au moyen de son organisme et en raison de ses actes antérieurs : Son devoir, son avantage est de chercher à les modifier pour les faire servir à la Solidarité.

Aucune force n'est un droit : Aucune n'est stable, inéluctable, absolue.

Esprit. — Ce terme devrait seulement signifier pour l'homme, un Être momentanément sans organisme.

Substance ou **Matière**. — Agglomérations plus ou moins étendues d'infinités d'individus, à organisations encore très rudimentaires, dont l'homme ne voit pas la vie, ou ne l'entrevoit que confusément ; ce terme lui devrait représenter seulement les réunions quelconques d'individus qui ne lui présentent pas les caractères d'un tout vital individuel, c'est-à-dire, un tout se composant d'un organisme et de son moteur.

Inertie. — Inactivité relative de ces mêmes individus dont l'action échappe plus ou moins à l'homme.

Vide ou **Néant**. — Étendues immenses dans lesquelles se meuvent des Êtres, momentanément sans organisme, dont l'existence est invisible à l'homme.

Inorganique, Organique. — Deux des apparences générales des possibilités de vivre pour les Êtres.

Elles se caractérisent par la différence d'activité des vies qui s'y meuvent, et celle-ci n'est qu'une des continuations possibles de celle-là.

Cataclysme, Fléau ou **Perturbation.** — Résultats d'actions faites par un ou des Êtres et les troubles que d'autres en ressentent dans l'évolution

3

d'un de leurs organismes ; tous les effets produits par les actions des uns et ressentis par les autres résultent des lois immuables et sont circonscrits par elles.

.. Ces effets révolutionnaires sont utiles aux uns et aux autres : Ils leur sont des avertissements ; ils les protègent contre l'excès de leurs non-bien ; ils les atteignent et leur sont profitables ou pénibles suivant leurs actes antérieurs.

Évolution, Révolution. — Moyens de modifications organiques de formes individuelles et de leurs différents milieux.

Faites évolutivement, ces modifications sont progressives et efficaces pour tous ; elles s'opèrent par de l'accord et de la Solidarité.

Obtenues sans transition et par actes de violence, elle sont, socialement, inutiles et superficielles pour le plus grand nombre, désastreuses pour les égoïstes, avantageuses seulement aux altruistes.

Hasard, Fatalité, ou Miracle. — Faits dont l'homme ignore encore les lois et les causes.

Instinct, Intelligence. — Un même attribut moins ou plus développé ; plus ses limites s'élargissent, plus il acquiert de souvenir du passé, de prévision de l'avenir, de puissance génératrice et généralisatrice, d'énergique Solidarité.

L'instinct chez n'importe quel individu n'est jamais un don gratuit ; il est une facilité que cet individu, par son vouloir d'Être et en se servant de son intelligence, conquiert de plus en plus pour augmenter ses avantages momentanés ou d'organismes, et surtout pour élargir ses limites de puissance et de liberté.

Toute manifestation dite instinctive est complexe, si simple qu'elle paraisse chez un individu quelconque ; car cet individu a dû faire un acte réfléchi, difficile et compliqué pour lui quand il a produit une première fois cette manifestation.

Un Être répétant fréquemment dans un de ses organismes un acte ou manifestation vitale, arrive à le reproduire d'une manière de plus en plus facile, spontanée, automatique, inconsciente ; surtout si cet acte est utile à une de ses acquisitions superficielles.

Sensation. — Toute impression reçue par les Êtres au moyen de leur possibilité sensitive.

Elle leur est donné, avec toutes sortes de modifications, par et suivant les influences ambiantes auxquelles cette possibilité est sensible.

Cette impression ne peut présenter à un Être que des apparences plus ou moins superficielles et illusoires de formes, de propriétés et de forces.

Cet Être doit toujours, au moyen de ses acquisitions précédentes, vérifier, rectifier et approfondir cette impression, s'en faire une idée exacte.

Idée. — Représentation psychologique qu'au moyen de ses acquisitions antérieures et par sa possibilité sensitive, chaque individu se fait plus ou moins exactement de ce qui est ou peut être.

L'idée n'est pas dépendante de la sensation ; suivant les cas, elle éveille celle-ci ou en est éveillée, avertie, impressionnée.

Existence. — Continuité éternelle et sans inter-mittences de tout ce qui est réellement un et indé-composable dans le Temps et l'Espace : L'Être.

Vie. — Constatation par l'homme d'une des ma-nières d'exister d'un Être ou d'une réunion d'Êtres dont il perçoit quelque acte.

Manifestations organiques des divers états psy-chiques des Êtres.

Possibilités évolutives de manifestations et d'ac-quisitions transformatrices et créatrices que chaque Être se donne par son vouloir et ses actes ; ces pos-sibilités lui doivent servir, constamment, pour con-quérir sans cesse son développement et concourir à celui général, car le développement individuel et celui universel sont éternellement en état de dépen-dances réciproques.

Les signes essentiels et universels de la vie sont : Un commencement, l'individualisation, un accroisse-ment, une activité interne agissante et réagissante extérieurement, enfin une désorganisation.

Un Être désincarné, pour vivre ses résolutions, choisit et aide à former l'organisation auquel il veut librement s'associer comme force motrice et diri-geante : Cette association contractée ne peut se dis-soudre que si la force dirigeante y a vécu ses ré-solutions de désincarné ; ou alors qu'ayant mésusé de son organisme, cet Être ne peut par lui réaliser aucune des résolutions qu'il avait données comme but à sa réincarnation.

L'Être n'est jamais contenu dans l'organisme au-quel il s'est associé, mais il lui est lié étroitement.

Celui-ci ne vit et n'agit que dans et par les influences des attributs de celui-là ; celui-là ne se manifeste, ne vit ses résolutions, et n'acquiert ses attributs intimes que par son association avec celui-ci.

Corps ou **Organisme.** — Un ensemble composé d'Êtres et de l'atmosphère de chacun deux.

C'est par cet ensemble que l'Être qui en est le moteur manifeste sa vie présente ; qu'il peut s'acquitter de ses non-bien antérieurs, et acquérir ce qui lui est nécessaire pour conquérir de plus puissantes vies postérieures.

Cet ensemble est le lien et l'habitation présente d'individus réunis par des affinités de même et volontaire tendance antérieure, qui n'ont de dissemblance que par la différence et la variété de leurs acquisitions dans les possibilités de cette tendance.

Chaque Être, dans ses évolutions à l'infini, est toujours : Corporel, lien ou partie d'un organisme ; incorporel, se mouvant dans l'atmosphère de l'organisme qui est son monde actuel.

Entre les Êtres et la Cause qui est leur principe, il n'y a pas de commune mesure : Elle est sans forme, parfaite, immuable, infinie ; eux, dans leur développement indéfini, restent finis en se perfectionnant, perpétuellement, sur et par des organismes de moins en moins imparfaits.

Atmosphère. — Extension extérieure de chaque Être par les rayonnements et les influences de ses attributs.

Cette extension est le lien par lequel tout individu :
1° rayonne ses influences et reçoit celles extérieures ;
2° est mis en communication externe et interne avec les autres individus et ne peut se confondre avec eux.

Lutte pour la vie. — Vue superficielle de résultats circonscrits, momentanés et illusoires qui, dans le Temps et l'Espace, n'existent que pour et sur des organismes dont le moteur, et tous les individus qui vivent et revivent de sa vitalité, ont préféré à l'amour général celui étroit du moi, et se sont ainsi, alors, créé des besoins factices et momentanés.

Tous ces individus peuvent toujours, et doivent continuellement, vouloir faire évoluer l'état pénible et artificiel de responsabilités qu'ils se sont donnés vers celui harmonieux et naturel de l'Amour universel.

Le fait appelé improprement lutte pour la vie n'est pas général, même sur les organismes où il est le plus répété.

L'homme, sur la planète où il se meut, et qui n'est qu'un point imperceptible dans le Temps et l'Espace, y voit un peu partout la destruction des individus les uns par les autres; mais en même temps il peut y reconnaître un fait bien plus général, *l'aide mutuelle et naturelle*, qui est indispensable à l'apparition, à l'évolution, à la persistance, aux transformations ultérieures et supérieures des individus et des espèces; du reste, il constate que ses meilleures aspirations et ses besoins *réels* ne lui sont que des incitations à conquérir tous les avantages *vrais* dans et sur les milieux où il se meut; conquête qu'il ne peut obtenir que par l'accord avec ses semblables et au moyen de leur concours.

Hérédité. — Loi qui, dans chaque forme organique, donne à tous les Êtres qui s'y meuvent le profit

ou la responsabilité de leur vouloir et de leurs actes
dans les vies qu'ils ont eues précédemment.

Par cette loi, toutes les manifestations intimes des
Êtres s'affirment extérieurement : Les stationnaires
ou d'égoïsme, par des vices dont la force d'habitude
s'affaiblit de plus en plus chez chaque individu à mesure qu'il se développe; les progressives ou de Solidarité, en vertus qui sont de plus en plus spontanées
puissantes, permanentes.

Adaptation. — Pour des individus, résultats
d'acquisitions organiques que, personnellement, ils
ont voulues et poursuivies dans et avec leurs précédents organismes.

Ces résultats leur sont alors, sciemment et incons-
ciemment, souvent rendus possibles par d'autres
Êtres plus développés qu'eux.

Monstruosité. — Organismes qui présentent
des irrégularités au type général actuel auquel ils
appartiennent.

Ces irrégularités peuvent être organiquement progressives ou régressives.

Si elles sont régressives, elles n'atteignent que su-
perficiellement l'individu qui les présente, sans qu'il
en soit modifié dans son présent développement
d'Être : Il ne les a en partage que par sa volonté ou
son acceptation antérieure.

Sélection. — Évolutions organiques que des
Êtres opèrent non par de l'antagonisme, mais par
des acquisitions qu'ils ont volontairement cherchées
ou acceptées.

Comme toute cause ne peut être génératrice que des effets qu'elle contient, et que toute acquisition intime ou organique supérieure aux leurs est un enseignement pour les Êtres incorporels, ces Êtres sont incités à exercer leurs influences organisatrices sur un organisme le plus pareil possible à celui qu'ils veulent ou peuvent promouvoir, à en écarter tout ce qui n'est pas d'accord avec leur développement intime actuel, et avec celui qu'ils veulent acquérir par et dans cet organisme.

Ces Êtres cons rvent, à leurs risques et périls, la liberté de se lier, ou non, à l'embryon d'organisme au développement duquel ils coopèrent, jusqu'à l'instant où cet embryon atteint sa vitalité d'invidualité complète.

Atavisme, Atruisme. — Ensemble d'attributs qui sont : Les premiers, rétrogrades; les seconds, progressifs sur ceux qui composent la caractéristique de la majorité actuelle des individus d'une forme organique quelconque.

Ces attributs résultent pour les individus qui possèdent : Les altruistes, de leurs acquisitions intimes et organiques antérieures; les ataviques, de leur choix de tel ou tel organisme, par orgueil, par affinité ou haineuse ou affectueuse; par désir de vengeance, ou par celui de s'acquitter de responsabilités de leurs vies précédentes.

Ame. — Être dont les actes sont manifestés par un de ses organismes qui est un composé d'individus plus arriérés que lui; ce terme devrait avoir pour l'homme la seule signification de :

Un Être promoteur, momentané, de tel ou tel organisme.

Conscience. — Attribut que les Êtres donnent à chacune de leurs individualités pour y conduire leurs aspirations et leurs sollicitations présentes.

Chez chaque individu, cet attribut est conforme à son développement d'Être; il est la résultante des résolutions que celui-ci a prises en choisissant son organisme actuel, et des modifications que cet organisme subit dans son organisation physico-psychologique par suite des actes de son moteur. En conséquence, l'état de conscience n'est point identique chez tous les individus d'une même espèce, ni à deux moments différents chez le même individu.

Mort. — Fin d'une des vies d'un Être; état où il vient de quitter un de ses organismes, qui alors se désagrège, et où ses actes ne peuvent être perçus directement par la possibilité sensitive humaine dans l'état où elle est encore.

Cet Être, suivant la situation présente de son état psychique, voit, moins ou plus rapidement, que son organisme n'a plus tous les éléments qui sont indispensables à sa cohérence; alors, en raison de l'amour égoïste qu'il lui donne, il lui reste attaché un temps plus ou moins long, pendant lequel il ressent, psychiquement, tous les effets des phénomènes que subit cet organisme, auquel il se croit toujours lié.

L'Être sans organisme agit et se manifeste virtuellement par son état psychique; celui avec organisme agit et se manifeste chimico-physiquement par sa possibilité sensitive.

3.

Les organismes des Êtres possèdent non des sens, mais une possibilité sensitive.

Possibilité sensitive. — Une des acquisitions organiques des Êtres; elle est servie de mieux en mieux par des organites qui sont d'autant plus nombreux et perfectionnés que l'Être est plus développé psychiquement dans un dé ses attributs intimes : Le pouvoir organisateur.

Ces organites facilitent, organiquement, les acquisitions, la division du travail, les communications internes et externes de chaque individu avec ce qui n'est pas son moi; ils précisent ses sensations, ses perceptions et sa liberté actuelles.

C'est avec toutes les acquisitions de sa possibilité sensitive et par son pouvoir organisateur intime, qu'un Être dégagé en tout ou parties des entraves organiques peut, psychiquement, dans le Temps et l'Espace : 1° y manifester et s'y manifester en organisant des forces, des propriétés, des formes organiques, momentanées et illusoires; 2° percevoir tout ce qui, organiquement, est utile à ses acquisitions possibles et ne dépasse pas son plus complet développement.

Bien. — Amour de la Solidarité traduit en actes, et ses effets qui sont toujours avantageux, permanents et illimités.

Mal ou non-bien. — Tous les actes égoïstes, et leurs conséquences inéluctables et imprescriptibles.

Ces conséquences sont fâcheuses, mais momen-

tanées et restreintes ; elles sont sages, justes et nécessaires : Elles ne font pas rétrograder l'Être ; elles
ne le frappent que dans ses organismes; elles limitent
la possibilité de ses non-bien; elles l'incitent à juger
ses erreurs, à ne les plus commettre, à les réparer
et à les combattre chez les autres.

D'un Être, chaque organisme est toujours dans ses
particules en correspondance étroite et exacte avec
le bien qu'il a fait, et les non-bien qu'il a commis et
non réparés; le nombre, la division, la perfection et
la spécialisation des manifestations qu'il peut produire présentement.

Si cet organisme est amoindri ou mutilé, seules,
les manifestations et l'intégralité d'individualité actuelle de cet Être sont amoindries ou mutilées.

Le mal comme contraire absolu du bien n'existe
pas; il n'est qu'une abstention plus ou moins grande
de celui-ci.

Maladie. — Dans l'organisme et l'état psycho-
physiologique d'un Être, perturbations et altérations
d'équilibre, dont les causes d'aptitude proviennent
de ce qu'il n'a pas réparé les non-bien par lui commis dans un de ses précédents organismes ou dans
celui qui lui sert actuellement; la dernière cause est
occasionnelle, déterminante, et résulte inévitablement des lois d'influences.

Les phénomènes des lois d'influences sont ceux
qui s'imposent le plus vivement à chaque possibilité
sensitive des Êtres.

Ces lois sont les premières qui sollicitent la connaissance de tous les individus ; qui leur font sentir
que les effets de la Solidarité universelle, ainsi que

les responsabilités individuelles et collectives, sont inéludables pour tous.

C'est par cette connaissance, seulement, que chaque individu peut commencer à se rendre compte de tout ce qui lui est nécessaire de savoir.

Pour qu'un organisme soit bien équilibré, il faut que chacune de ses particules ait tout ce qui lui est utile, car ce que l'une a de trop l'hypertrophise et manque aux autres qui en sont anémiées.

Médicament, Poison. — Réunions d'individus en attraction ou en répulsion avec les organites sur lesquels ils agissent.

Ces individus en influencent, modifient ou désorganisent d'autres dans les différents protoplasmas qui composent chacune des cellules de ces organites.

Sommeil, Léthargie. — Degrés d'accalmie relative de plus ou moins des parties constitutives de l'organisme d'un Être, permettant à celui-ci un état de liberté psychique se rapprochant de celui où il se séparera de cet organisme, et où, lui étant moins lié il peut davantage.

Cet état, il l'a plus dégagé dans la léthargie.

Magnétisme. — Un des effets d'une loi universelle, la Solidarité ; il se réalise par les influences de la volonté et de la sympathie.

Tous les Êtres ont une puissance d'influences et de réceptivités magnétiques en rapport avec leur développement ; mais seuls leurs organismes, en tout ou partie, peuvent être influencés magnétiquement, c'est-à-dire, être relativement rendus passifs et, alors, être débarrassés plus ou moins profondément des effets de leur perturbations maladives par l'Être dont l'organisme est ainsi influencé.

Cet Être peut alors, s'il a les acquisitions nécessaires et en ajournant ses responsabilités organiques, se délivrer jusqu'à la fin de son association avec son organisme actuel des souffrances dont la cause doit amener cette désassociation, sans que celle-ci puisse être changée, si peu que ce soit.

Les états et les phénomènes magnétiques varient chez un magnétisé, et d'un magnétisé à l'autre ; ils ont pour facteurs : La situation actuelle de l'individu magnétisé, toutes ses acquisitions essentielles et relatives, les influences extérieures auxquelles il s'associe.

Dans chaque cas, ces facteurs varient d'importances relatives.

Tout magnétisé est mis, plus ou moins, dans son état de liberté psychique possible.

Alors, il peut, psycho-physiologiquement : Se souvenir et se servir de toutes ses acquisitions, même celles momentanées de ses vies antérieures les plus reculées ; influencer l'hyperesthésie et l'anesthésie de ses organites, et leur faire produire des manifestations très régressives de manière que son *Moi* psychologique alors paraisse faussement multiplié ; modifier l'état de son organisme, en neutraliser l'influence et être insensible à ce qui le concerne, s'en isoler ; entrer plus intimement en communication avec d'autres Êtres, reconnaître qu'ils sont encore victimes de ses non-bien antérieurs, en accepter ou rejeter l'ascendant, les servir, en être servi et momentanément par cette collaboration ressentir et produire de plus étendues manifestations subjectives, en acquérant pour le moment une plus puissante activité de tout ou partie des organites de sa possibilité sensitive.

— Un individu magnétisé à des possibilités psychiques dont le souvenir ne peut être enregistré par son organisme, qui ne les comporte pas ; aussi, cet individu n'étant plus en état magnétique ne se souvient pas avoir été dans cet état.

Par des lois immuables, les Êtres incorporels, possédant les acquisitions nécessaires et un rapport suffisant d'affinités avec d'autres Êtres promoteurs d'un organisme, peuvent se rendre tangibles à ces derniers par influences psychiques : En agissant sur leur imagination pour lui faire percevoir, en les organisant, des propriétés, des forces et des formes momentanées, illusoires et inoffensives avec des Êtres inférieurs désincorporés appartenant à l'atmosphère de cet organisme et à celle où eux-mêmes se meuvent.

Des individus de même espèce, les uns avec, les autres sans organisme, ne peuvent être tangiblement en rapport que si les acquisitions des uns et des autres sont suffisantes ou si ceux-là se sont mis, par non-bien, promesses, engagements, sous la suggestion transitoire des influences psychiques inférieures de ceux-ci.

Dans la nature tout se relie intimement : Il n'y a pas d'espèces, de systèmes, de nomenclatures, de divisions, de races, de types, etc., etc. Tous ces mots représentent des artifices que se créent les hommes pour se mieux comprendre et s'aider dans leurs recherches.

Quand, dans et sur un organisme ou milieu, un Être a acquis toutes les qualités vraies que lui permet de conquérir ce milieu, il en quitte l'atmosphère et va dans celui d'un autre plus élevé.

Donc, dans et sur un même milieu organique, les Êtres — les uns avec, les autres sans organismes — ne peuvent être que très rapprochés de développement; d'où l'obligation pour les corporels de, sévèrement, analyser et contrôler avec leur savoir et leur raison tout ce qui leur vient ou paraît leur venir des incorporels.

Plus les limites de développements de deux Êtres se différencient, plus celui qui se développe peut pénétrer celui qui reste en arrière, et moins ce dernier comprend les manifestations du premier.

Les manifestations d'un magnétisé révèlent son état psychique et ses tendances actuelles :

S'il est arriéré, il a celle de s'abandonner à des volontés extérieures, se persuadant qu'elles lui sont irrésistibles; s'il est orgueilleux, hypocrite, égoïste, il a celle de ruser et de lutter contre elles; etc., etc.

Aucune suggestion ne peut être imposée, irrésistiblement, à son vouloir, ou à son organisme.

Les rapports entre magnétiseurs et magnétisés sont surtout des rapports d'influences et de communication intimes plus ou moins voulues par les uns et acceptées par les autres : Plus le magnétisé et le, ou les magnétiseurs sympathisent, plus leurs effets sont harmoniques; plus les mobiles des magnétiseurs sont élevés, plus les résultats de leurs efforts sont complets et puissants.

Le magnétisme est un effet de Solidarité se produisant sous des influences de volontés sympathiques, si des volontés égoïstes veulent le pratiquer, ce qui arrive alors n'est rien moins que magnétique et n'a que des résultats superficiels et négatifs.

Tout individu qui, momentanément, est dégagé de quelques-unes de ses influences organiques et montre des facultés qu'il n'a pas habituellement est, plus ou moins, surexcité magnétiquement par un, ou des Êtres avec ou sans organisme.

Quand un Être magnétiseur prend dans son organisme une partie des maux dont il veut débarrasser ses magnétisés, c'est qu'il s'acquitte envers eux de non-bien antérieurs.

Hypnotisme. — La caricature impuissamment négative du magnétisme; par cette caricature, la volonté de l'hypnotiseur peut obtenir, sans en connaître les causes, des résultats magnétiques correspondants aux efforts altruistes qu'il a dépensés.

Suggestion dite hypnotique. — Apparences de dominations abusives et de soumissions forcées entre des individus dont les premiers influencent magnétiquement les seconds.

En réalité, les Êtres dont l'organisme actuel est ainsi influencé ne lui font manifester que ce que leur vouloir a librement délibéré et consenti : Ce vouloir est, momentanément, débarrassé d'une partie de ses entraves organiques.

Rêve, Hallucination, Folie. — Degrés de résultats, pour un individu, de perceptions d'images imitatives, externes et passagères faites par l'intermédiaire de ses organites surexcités, psychiquement et momentanément, par l'hyperémie de certaines de leurs cellules et l'anémie de certaines autres : D'où — acceptée ou voulue — la concentration, plus ou moins exclusive, de son attention psycho-physiologique sur certains faits relatifs à ses diverses vies; par suite affaiblissement de cette attention et son manque de coordination à l'égard de ceux de sa vie actuelle; alors à son imagination se présentent et s'amalgament, comme réalités actuelles, des faits passés et à venir, réels ou seulement possibles.

Ces images sont perçues par des individus dont l'état psycho-physiologique a des causes originelles antérieures à leur vie présente.

Ces images peuvent leur être utiles, agréables ou pénibles; elles coïncident, le plus souvent, avec les préoccupations et les actions de leurs vies dernières et présente; elles s'adressent à leur imagination, sont voulues, esquissées, formées par des invidualités sans organisme; elles sont possibles aux uns et résultent pour les autres, comme conséquence, de leurs acquisitions et de leur responsabilités actuelles.

Chez un individu, les causes premières morbides de folie héréditaire, ou de celle chronique, sont toujours : 1° un amour égoïste, immodéré, persistant du moi; 2° son choix orgueilleux d'organisme, ou la destruction prématurée et volontaire qu'il a faite de celui qu'il mouvait précédemment.

La folie momentanée a les mêmes causes que les autres cas pathologiques.

Imagination. — Possibilité psycho-physiologique qu'ont tous les Êtres d'être influencés dans l'attribut sensitif de chacune de leurs individualités corporelles, et de l'influencer pour qu'il manifeste les images formant l'ensemble et le détail de leurs responsabilités encore existantes, de leurs préoccupations et de leur vouloir actuels; cette imagination est troublée, soutenue, éclairée par les influences des individus corporels et incorporels avec lesquels elle se trouve en rapports.

Moins un individu corporel impose son vouloir à son imagination et la laisse à ses préoccupations, plus elle est déréglée et faible aux influences extérieures; plus son état psychique est équilibré et développé, mieux son imagination reste sous la dépendance de son vouloir, et plus tous deux ont de force et de rectitude constantes.

État psychique d'un individu. — Sa situation psycho-physiologique présente. Cette situation est la résultante de ses acquisitions, de ses non-bien passés et actuels non réparés, ainsi que la cause de toutes les conditions et possibilités de ses influences et manifestations intimes et extérieures, et de celles ambiantes qu'il doit subir.

Les influences et manifestations d'un individu incorporel sont psychiques et virtuelles; celles d'un individu corporel sont physico-chimiques et psycho-physiologiques.

Les influences et manifestations qu'a le plus à redouter un individu corporel de ceux incorporels sont celles du mensonge : Plus un incorporel est encore victime des non-bien qu'un corporel a commis dans ses vies antérieures, plus il peut, contre ce dernier, le non-bien d'essayer de l'influencer en le trompant.

Tout Être, avec ou sans organisme, qui a fait des

mensonges et des promesses illusoires à d'autres
Êtres ; qui a pris, sans les tenir, des engagements envers eux, ou a commis tout autre non-bien dont ces derniers restent directement ou indirectement victimes,
s'est mis dans la possibilité, pour une ou plusieurs
de ses vies, de subir leurs influences pernicieuses.

Liberté, Licence. — Extrêmes d'une même possibilité de choisir et d'agir qui tendent à se détruire
l'un l'autre.

Pour chaque Être, la possibilité de choisir et d'agir
devient de moins en moins limitée en raison de son
développement et de l'universalité des obligations
qu'il contracte ; elle est influencée et perturbée dans
ses moyens d'actions organiques par l'état présent
des responsabilités de cet Être envers ceux pour qui
il a eu des torts non encore réparés et par les individus qui vivent de son organisme.

Socialement :

La liberté n'est et ne peut être que la possibilité
pour chacun de chercher, de connaître, de conquérir
ce qui est utile au plus rapide et parfait développement réalisable, actuellement, de son moi : Elle existe
là où règne la Vérité, la Justice, la Solidarité. Logiquement, ce qui sert la Vérité, c'est l'indulgence ; la
Justice, c'est la bonté ; la Solidarité, c'est l'amour.

La licence est la possibilité (tout entière composée
de despotismes et de servilité) de chercher à se satisfaire sans se préoccuper de ses devoirs ni des
droits des autres : Elle est toujours un résultat de
l'erreur, de l'iniquité, de l'anarchie. Ce qui surtout
produit l'erreur, c'est l'intolérance ; l'iniquité, c'est
la suspicion ; l'anarchie, c'est la haine.

Pour éviter la licence de quelques-uns et un esclavage plus ou moins déguisé au plus grand nombre,
les possibilités de liberté doivent être égales pour
tous, et n'avoir de limites que celles contractuelles
et réciproque nécessaires pour garantir cette égalité
de possibilités à chacun.

Enfin pour tous doit être illimitée la liberté de se
réunir, de se coaliser, d'exprimer oralement et verbalement leurs pensées ; Sous la seule condition que tout
acte de violence, ou de calomnie, produit individuellement ou collectivement doit être réparé deux fois
par son, ou ses auteurs : Une fois au profit de la, ou
des victimes ; une autre fois au profit de la collectivité.

Vertu, Vice. — Pratiques d'actes utiles ou nuisibles à la Solidarité.

Suivant le cas, le même acte peut être vertueux
ou vicieux ; exemple : L'acte générateur opportun et
fécond est nécessaire à l'individu et à la collectivité
à laquelle il appartient, il satisfait à la loi de Solidarité qui lie tous les Êtres : Il est vertueux ; mais
quand il est répété abusivement, il n'est pour l'individu que la satisfaction égoïste et décevante de
mobiles personnels, il devient de plus en plus nuisible à tous : Il est vicieux.

Être. — Réalité éternellement une et indécomposable, possédant en puissance, continuellement et
indéfiniment, la possibilité en conformant son vouloir à l'obligation universelle d'ajouter de la force,
de la diversité, de l'étendue à son action sur tout
ce qui est dans la nature,

Cette réalité est simple et indestructible, action et principe de force, réfractaire si elle le veut à toute influence autre que celle de la Solid rité; elle ne rétrograde jamais, et ne peut être imitée artificiellement. Seule, dans la nature, elle a l'incompressibilité et l'impénétrabilité physiques absolues.

Ses organismes sont composés, en continuelles modifications, sensibles à toutes les influences; ils se désorganisent, et peuvent être reproduits artificiellement de façon illusoire et momentanée.

Individu. — Un Être qui n'est vu que dans un de ses organismes avec lequel il forme un tout vital momentané.

L'individu a une vie éphémère; l'Être, une existence éternelle.

Aptitude, Immunité. — Résultats avantageux ou fâcheux pour un individu; ils lui résultent de ses acquisitions ou de non-bien antérieurs.

Manifestation d'un Être. — **Intérieures :** Ses rayonnements intimes. Ils sont produits par son état psychique et sont perçus par les autres Êtres au moyen du leur; ils peuvent n'être connus que de lui et d'autres Êtres beaucoup plus avancés.

Plus un Être a de supériorité de développements sur un autre, plus il peut atmosphériquement influencer celui-ci dans son organisme, et le connaître, psychiquement, dans les plus fugitives manifestations de son vouloir.

Extérieures : Les rayonnements de son état

psycho-physiologique; les inférieurs sont sans cesse modifiés par les influences ambiantes.

Le degré d'énergie et de rectitude extérieures de tout rayonnement dépend surtout de l'état d'équilibre de l'organisme qui le manifeste; toute manifestation extérieure d'un Être est toujours exercée par lui au moyen d'organismes : Le sien et ceux d'autres individus qu'il influence.

Toute manifestation d'un Être, la plus infime et la plus intime de son vouloir, agit physico-chimiquement sur toutes les individualités de son organisme, et psycho-chimiquement sur toutes celles où s'étendent ses rayonnements psychiques et physiques.

Mobiles des Êtres. — Motifs qui sollicitent leur vouloir; ces motifs n'ont tous qu'un foyer : L'amour à l'une de ses innombrables nuances, depuis celle infiniment bornée et négative de l'égoïsme, jusqu'à celle infiniment supérieure et puissante de l'amour universel.

Aucun mobile n'a de force déterminante autre que le vouloir de l'Être qui le traduit en acte.

Influences des Milieux. — Effets plus ou moins modifiables par les Êtres qui les ressentent dans leur organisme actuel.

Ces influences sont pour ces Êtres une résultante : 1° des suites éternelles de tous leurs actes de bien; 2° des suites momentanées de tous leurs non-bien qu'ils n'ont pas encore réparés; 3° des manifestations extérieures d'individualités avec lesquelles les lient, transitoirement, leurs responsabilités envers eux.

Il est de possibilité et de devoir pour chaque Être

de poursuivre la modification de toutes les influences
pernicieuses de ses milieux : Celles qu'il rayonne, et
celles qui l'entourent.

Temps, Espace. — Termes de convention, dont,
pour chaque Être, la valeur intrinsèque, — parce
qu'elle n'offre, continuellement, à son aptitude généralisatrice que de la possibilité de comparaisons —
varie du moins au plus en s'approchant indéfiniment
d'un attribut parfait : Le **Présent-Infini**.

Pour la **Cause-Première** rien ne varie et tout
est dans le **Présent-Infini**; sa volonté soutient
éternellement l'immuabilité des lois naturelles, et
n'agit en rien sur les effets que les Êtres se créent
par leur vouloir et leurs actes.

Ces effets sont circonscrits par ces lois inéluctables; et chaque Être, en raison de son développement, en bénéficie et en fait bénéficier les autres.

Affinité, Attraction, Sympathie. — Degrés
d'une même et universelle sollicitation de solidarité,
laquelle ne permet point aux Êtres de vivre en dehors de toute association, et les attire d'autant plus
les uns vers les autres que leurs acquisitions s'éga-
lent, se complètent et s'entr'aident.

Tous les Êtres sont en relations dans la nature par
sollicitation et nécessité de solidarité; ils agissent et
réagissent physiquement et psychiquement constamment les uns sur les autres.

Antipathie, Répulsion. — Sensations instinc-
tives de résistances à l'universelle sollicitation de solidarité ressenties par des individus contre d'autres

individus avec lesquels ils ont été en oppositions
égoïstes dans de leurs vies antérieures : Le degré de
spontanéité instinctive, d'affinité, d'attraction, de
sympathie, ou d'antipathie et de répulsion, d'un individu pour ou contre un autre individu lui provient
des rapports qu'il a eus avec lui dans de leurs vies
passées.

Justice. — Un attribut qui est comme tous parfait en la **Cause-Première**, et toujours en perfectibilité chez tous les Êtres ; qui pour chacun d'eux
est le principe, la nécessité, le critérium de sa liberté
de son égalité, de ses droits et devoirs, de sa bonté
et de son bonheur.

Droit, Devoir, Utilité, Justice, Égalité sont des
faces de la Solidarité.

Hélas, jusqu'à présent, la base des lois et conventions humaines a été l'opposé de la Justice, et un
attentat contre la Solidarité qui est l'obligation universelle, la loi des lois, **l'Amour** dans sa plus haute
acception.

La Solidarité coordonne tous les Êtres et leur demande une respective subordination : Elle fait chacun d'eux cause et effet, moyen et but du développement général.

Semblable, Pareil, Uniformité Égalité. —
Le mot Égalité, comme le signe mathématique $=$ qui
le représente, signifie littéralement se valant, s'équivalant, de même valeur ; c'est établir une confusion
trompeuse que de l'employer pour, semblable, pareil, uniformité, dont il ne comporte pas les significations, « Un homme instruit, qui établit cette con-

fusion dans ses écrits ou ses discours pour combattre le principe de l'Égalité, est de mauvaise foi ; c'est un égoïste orgueilleux.

L'égalité sociale est la situation respective d'individus très dissemblables de détails ; mais qui forment chacun un tout d'une même valeur d'équivalentes utilités sociales.

Cette situation établit, pour tous indistinctement les mêmes droits et les mêmes devoirs ; elle donne à chacun, sans exception, les mêmes facilités pour s'acquitter et pour bénéficier également, par équivalence, des charges et avantages sociaux ; elle est, socialement, la pratique de la justice naturelle, la possibilité de la solidarité entre chacun, la garantie de la liberté pour tous ; enfin elle rend impossible tout acte de licence et de despotisme individuel ou collectif :

L'Égalité, comme principe, régit tout ce qui est dans le Temps et l'Espace ; rien n'y est indifférent et tout y est absolument nécessaire à l'harmonie générale, tout *nécessairement* s'y enchaîne, se coordonne, est solidaire.

Ce *nécessairement* limite la liberté de tous les Êtres et sauvegarde leurs possibilités de développement.

Bonté. — Levier le plus puissant du vouloir.

Par le vouloir, la bonté est la cause de tout ce qui est perpétuel dans le Temps et l'Espace ; des plus puissantes actions évolutives de chaque individu, et de la possibilité efficace pour cet individu de conquérir la connaissance de la vérité qui lui est actuellement accessible.

La Bonté est Amour, Justice, Solidarité, Énergie

4

et Indépendance. Elle est indulgente et ferme, sans faiblesse ni exagération :

Il faut être bon pour vouloir et pouvoir conquérir toute sa liberté possible, et aider à conquérir celle des autres.

Egoïsme ou Amour du Moi. — Préoccupation dominante de se satisfaire que, par orgueil, se sont choisie et se continuent certains Êtres ; cette préoccupation n'est pas inhérente à l'essence de ces Êtres, et peut toujours disparaître par leur vouloir ; elle est la cause de tous les non-bien et de leurs conséquences.

Dans l'Humanité, l'égoïsme n'a jamais été source d'émulations utiles ; il crée des intérêts privés opposés à celui général, et ne peut engendrer que des luttes, des maux et des haines préjudiciables à tous.

Droit, Devoir. — Les deux faces d'une même obligation : Vouloir énergiquement pour tous ce que l'on veut pour soi ; conquérir, pour soi et pour tous, toute la somme possible d'avantages que comporte le milieu où l'on se meut.

Bonheur. — Usage parfait de tout son droit et de tout son **devoir** : Seul, cet usage donne à chaque individu toute sa liberté possible.

Vérité. — Expression fidèle de la réalité.
Chaque Être à la possibilité et le **devoir**, la **nécessité**, d'en connaître toute la parcelle qui lui est actuellement accessible et correspond au sommet de

développement que lui permet son organisme actuel.

Chercher toujours la Vérité, et n'obéir qu'à ce qu'elle commande, est le seul avantage réel et la seule obligation stricte pour un Être.

Science. — Connaissance des réalités, de leurs causes et de leur principe, de leurs effets et de leur conclusion.

Elle doit partir de l'observation rigoureuse de tous les phénomènes dans l'infinité de l'Espace et du Temps, en remontant et en descendant, méthodiquement et expérimentalement, la chaîne de leurs causes et celle de leurs effets possibles ; pour en induire leur origine et en déduire leurs conséquences les plus éloignées.

Dans toutes les parties de cette science générale, l'homme en est encore aux tâtonnements ; mais il la réalisera promptement quand l'intérêt individuel n'obscurcira plus ses recherches, car elle est la révélation nécessaire, **la seule possible**.

Philosophie. — Science des sciences ou science des causes et des effets, en même temps que des possibilités et des applications individuelles et collectives de tout le savoir humain. Ce savoir elle en coordonne toutes les parties et les vérifie les unes par les autres.

Elle se constituera dans l'Humanité ; elle en sera le lien, la religion, la règle de justice, de bonté, de Solidarité. Elle sera simple, claire, concordante avec tous les faits de la nature.

27. — CONCLUSION DE LA PREMIÈRE ÉTUDE

Je clos et résume ici l'exposé de mon testament philosophique et social par cette dernière proposition :

Dans le Temps et l'Espace, tous les Êtres évoluent par la Solidarité. Sa pratique est l'obligation, la possibilité et la mesure du développement de chacun d'eux.

Cette pratique s'impose d'autant plus strictement à l'Être, qu'il est plus développé : Ainsi, nous, Êtres humains, pour nos besoins, nos aspirations, notre perfectionnement, l'évolution de notre espèce, et pour en garantir l'anéantissement prématuré sur la planète Terre.

Nous avons la nécessité urgente de chercher et de fonder l'établissement d'une société harmonique dans laquelle, — **tous sans exception,** — nous jouirons individuellement, par choix et équivalence, d'un droit égal sur toutes les valeurs qui se consomment et se détruisent par l'usage; et qui sont les fruits : Des forces et richesses naturelles ; des acquisitions. antérieures de l'humanité; des travaux et avantages sociaux; (les forces et richesses naturelles, les acquisitions collectives de l'humanité — indivisiblement et par droit imprescriptible — appartiennent à toutes les générations) nous aurons nos immunités, nos aptitudes, nos facultés étudiées, harmonisées et utilisées à notre profit et à celui de tous ; nous bénéficierons de toute la somme possible de bien-être, de sécurité, de liberté, de savoir, d'émulation, **de**

développement; nous remplirons, dans la division du travail, par la réciprocité des services, des fonctions dissemblables, mais équivalentes ; nous serons socialement égaux.

Alors, seulement, chacun aura la plus grande individualité possible dans la Solidarité de tous ; le règne de l'homme sur l'homme sera fini, celui de Dieu commencera ; il n'y aura plus, ni spoliateurs, ni spoliés, ni dupeurs, ni dupés, ni exploiteurs, ni exploités ; nous n'aurons plus entre nous ni motifs ni prétextes de ruses, de luttes et de haines ; il ne nous sera plus impossible de joindre nos efforts dans une association mutuelle pour chercher, connaître, conquérir tout ce qui est utile au plus grand bien de tous et de chacun ; nous aurons tout avantage, plaisir et facilité à être complètement solidaires les uns des autres.

Finalement, chacun de nous pouvant acquérir la plus grande somme possible de **bonté** que puisse atteindre l'Être humain, tous, nous pourrons accomplir harmonieusement notre ascension présente.

Les propositions ci-dessus ne sont pas une découverte personnelle, mais l'œuvre condensée du travail collectif de l'Humanité, qui doit et devra toujours les vérifier par les faits, lesquels eux-mêmes se trouveront éclairés par elles : Un seul fait, **bien constaté**, qui leur serait contraire les infirmerait.

Pour qu'elles soient examinées dans des discussions et par des recherches aussi complètes et rigoureuses que possible, je les dédie et les lègue à la Société d'Anthropologie de Paris, parce qu'elles sont surtout du domaine des sciences anthropologiques.

Je lègue à son laboratoire mon organisme actuel, sitôt que je ne l'animerai plus ; afin que, par lui utilisé, il serve scientifiquement la vérité, qui seule est essentielle pour nous guider

Pour terminer, je demande que ce qui ne sera point utilisable de mon organisme soit incinéré, si la loi le permet ; sinon, qu'il soit enterré dans la fosse commune par le convoi des plus déshérités sociaux, mes frères le mieux aimés ; qu'incinéré ou enterré, avec une copie du présent testament, il ne soit occasion à **aucune cérémonie.**

Entre la **Cause-Première** et un Être quelconque, il n'est ni oraison salariée, ni intermédiaire officiel efficace.

Écrit et signé en plusieurs expéditions le 2 novembre 1882, à Paris, rue Rollin, nº 3, dans la plénitude de mes facultés physiques et intellectuelles, de ma volonté et de ma liberté d'esprit et d'action.

Édouard BOULARD,

Républicain,

Collectiviste-Intégraliste-Révolutionnaire.

DEUXIÈME ÉTUDE

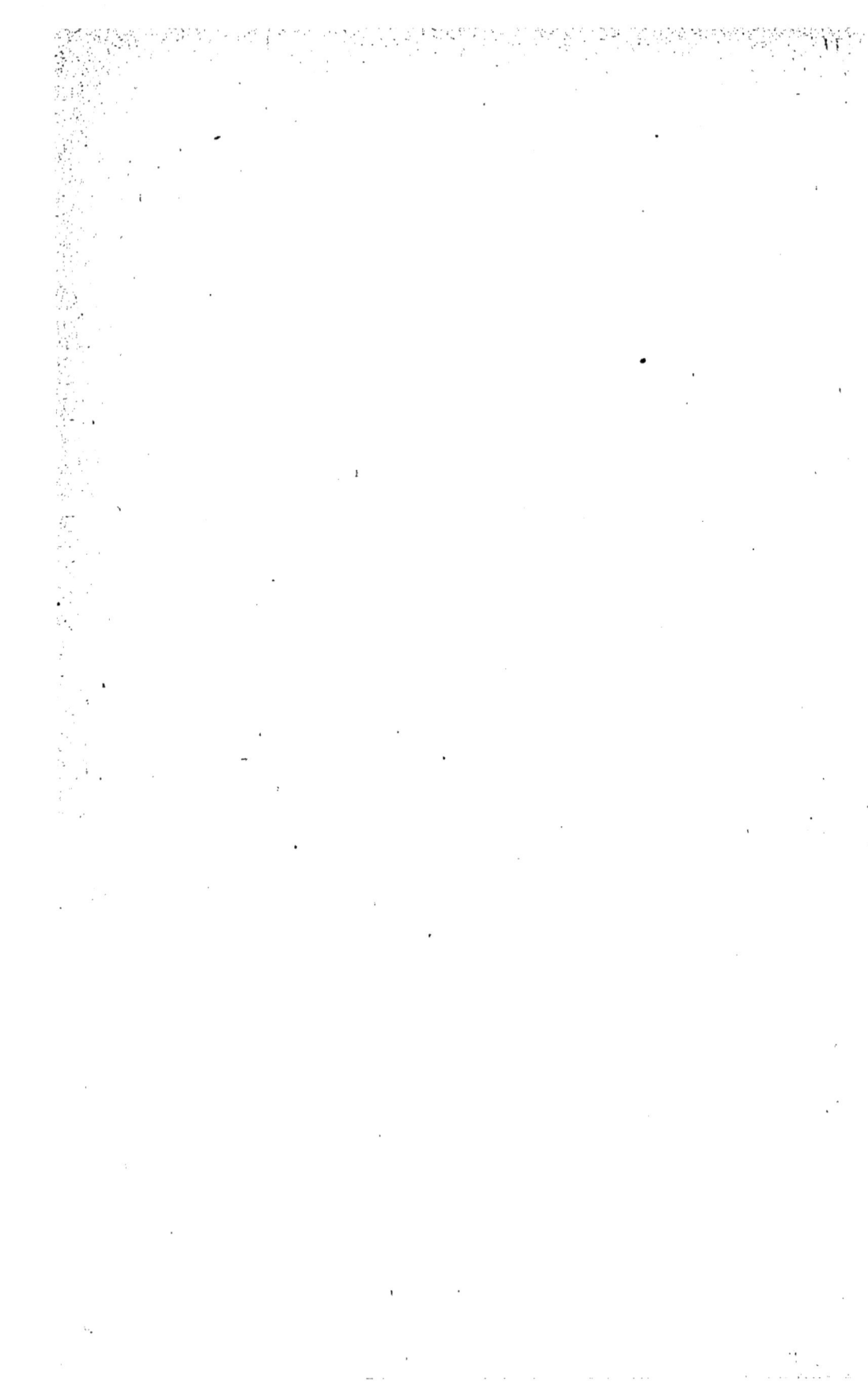

ORGANISATION

PREMIÈRE PARTIE

Lecteur, si tu est un chercheur ami de la vérité cette courte et sincère étude t'est soumise et dédiée.

Elle est un résumé fidèle des travaux de toutes sortes que ne cesse de poursuivre et de propager les vrais serviteurs de la Justice-Éternelle, cette nécessité sociale de l'Humanité.

Ces amis de l'équité poursuivent leurs travaux par l'observation rigoureusement méthodique, dans leurs causes et dans leurs effets, de toutes les lois naturelles et de tous les faits sociologiques connus. ·

Ces travaux, ils les propagent à leurs risques et périls, au bénéfice de tous, pour mettre fin et retirer toute possibilité future aux exploitations d'hommes par d'autres hommes.

Les efforts de ces amants véritables de l'Humanité sont dénaturés, calomniés, bafoués par des Êtres ayant la face humaine, et l'égoïsme bestialement étroit.

L'Humanité, hélas, a encore ses parasites, ses frelons, ses renards, ses loups, ses reptiles, auteurs ou complices bénéficiaires de toutes les spoliations sociales.

Ces spoliateurs crient impudemment, mais inutilement, à la spoliation contre les revendications légitimes et imprescriptibles des spoliés.

Tous ces spoliateurs avec un bagage de faux savoir pontifient des morales conventionnelles, métaphysiques et lucratives : Tirées de prétendues révélations surnaturelles ; de philosophies positivistes, mais si peu positives ; de doctrines d'économie politique, échafaudées de négatives éruditions ; de déductions pseudo-scientifiques, basées sur la connaissance incomplète de quelques faits observés, seulement, dans leurs apparences et leur isolement.

Dans leurs élucubrations intéressées, ces orgueilleux docteurs de l'erreur, exploiteurs de l'ignorance qu'ils enseignent et des iniquités dont elle est la source, accusent les socialistes-révolutionnaires d'être — ce qu'ils sont eux-mêmes : — Avilissants, ambitieux, fourbes, dupeurs ou fous.

Quelques-uns osent même avouer que s'il était à leur pouvoir de distinguer, dès leur naissance, ces révolutionnaires criminels ou fous, qui essayeront de détruire l'ordre social et la hiérarchie qui en découle, ils ne reculeraient pas à en débarrasser l'Humanité.

Ces rusés maîtres fourbes dissimulent, dans leurs discours et dans leurs écrits, que c'est l'état anarchique dont nous souffrons tous, que les socialistes conséquents veulent détruire, pour le remplacer par une organisation harmonique et une Solidarité effective.

La duplicité et l'aberration des exploiteurs de

l'anarchie sociale actuelle est un des effets, logiquement monstrueux, de l'artificiel intérêt individuel affolé.

Elle est un des maux effroyables qui, depuis des milliers de siècles, se perpétuent et s'aggravent dans l'Humanité, parce qu'elle viole sa loi naturelle : La Solidarité.

La Solidarité est la loi et l'obligation de tous ; nul ne peut faire ou laisser faire des actes contre elle sans que, à un moment ou à un autre, il n'ait durement à le regretter.

Les Êtres humains, dès leurs premières évolutions sur la planète Terre, pouvaient se donner entre eux des relations harmonieuses en solidarisant leurs efforts.

Tout au contraire, ils se sont faits, des milieux sociaux, des mœurs et des lois conventionnelles, qui mettent chacun d'eux en lutte avec lui-même et avec chacun des autres, qui lui font une nécessité de faire prévaloir son intérêt personnel envers et contre tous ; d'où, inévitablement, les égoïsmes, les hypocrisies, les suspicions, les fraudes, les ruses, les luttes, les haines qui divisent tous les hommes et sont les causes de presque toutes leurs maladies, leurs misères et leurs erreurs.

Les premiers hommes qui se sont rencontrés ont été plus étonnés et plus effrayés les uns des autres, que des animaux qui les entouraient ; ils pouvaient vaincre leur frayeur réciproque, et faire alliance entre eux : ils se sont combattus. Il y eut des vainqueurs et des vaincus ; ceux-là pouvaient s'associer ceux-ci pour vivre égalitairement ; ils préfèrent les tuer, ou exiger d'eux qu'ils devinssent leurs machines à travail ; en même temps, ils s'adjugèrent tout ce qu'ils purent de richesses naturelles. De ce point de départ est l'origine : De la propriété individuelle, de tous les esclavages ; des luttes féroces qui n'ont cessé entre les membres de l'Humanité, et entre les divers groupements qui s'y sont succédé.

Les luttes entre les hommes et les différents groupements qu'ils avaient formés, ont amené la destruction plus ou moins rapide, et la disparition d'un nombre considérable de sociétés humaines arrivées au plus haut degré de la puissance et des richesses contemporaines ; en même temps, elles étaient les causes de la perte, au moins momentanée, de nombreuses et précieuses acquisitions faites antérieurement par l'Humanité ; et de l'engendrement de milieux sociaux devenant de plus en plus défavorables au bonheur de l'Homme.

En fait, pour chaque homme, son milieu social est la plus importante des conditions de bonheur : Il ne peut réagir que faiblement contre les influences de ce milieu, et il les subit beaucoup, beaucoup, dans ses mobiles, son vouloir, ses possibilités, sa conduite et son développement.

Quand les influences de son milieu social sont pernicieuses, plus un homme est faible (socialement, physiquement, intellectuellement), plus il en est écrasé ; mieux il est partagé, plus il a de force nombreuses et puissantes pour lutter contre ces influences et pour être utile ou nuisible autour de lui ; mais son réel intérêt est d'être utile et d'éviter les luttes stériles : Donc, il a avantage et obligation à se servir de ses forces pour aider énergiquement à la transformation rapide, et bonne pour tous, du milieu social qui produit de fâcheuses influences, dont, quoi qu'il fasse, il supporte les conséquences.

D'où, logiquement, toute transformation altruiste d'organisation sociale précédera, nécessairement, la transformation altruite individuelle du plus grand nombre; car, toujours, quelques volontés éclairées et énergiques pour le bien finissent par entraîner la majorité de celles moins heureuses.

En ce moment, dans tous les groupements humains, grandes et petites nationalités, les résultats sociaux économiques sont épouvantables; la suspicion et la haine des citoyens les uns envers les autres, sont très graves et vont toujours augmentant; enfin les plus imminents dangers, extérieurs et intérieurs, sinon les plus sérieux et les plus terribles, viennent de ce qu'une inévitable lutte à mort est engagée entre les travailleurs et le capitalisme.

Dans tous les pays, les citoyens sont à la veille des plus terribles commotions; mais je crois pouvoir affirmer, d'après les plus sérieux renseignements, que c'est encore en France que la vie sociale — individuelle et collective — est la moins malheureuse, qu'elle est la moins éminemment en péril; Parce que c'est là où les citoyens ont le plus d'espérance que le problème social peut avoir sa solution, sans qu'ils soient acculés à employer la dynamite, évitant ainsi des boucheries humaines épouvantables.

Le capitalisme est le résultat d'accumulations individuelles de produits du travail, soustraits à ses producteurs; une pieuvre insatiable; une forme déguisée et perfide de domination de l'homme sur l'homme; une puissance démoralisatrice et impitoyable, qui va en augmentant de plus en plus, dans un nombre de mains de moins en moins nombreuses.

5

Par le capitalisme, les travailleurs sont de plus en plus exploités ; de moins en moins regardés comme des hommes ; reduits à être des misérables dans une abondance qui est leur ouvrage.

Le capitalisme est la forme moderne de la féodalité ; une des productions barbares et anti-humaines de l'*individualisme,* ce mobile artificiel et despotique du « *Chacun pour soi* ».

Les différentes formes féodales ont, partout et toujours, la précaution de s'entourer d'une hiérarchie d'intermédiaires afin : 1° de se garantir dans le milieu social qu'elles tyrannisent ; 2° d'en conquérir et accaparer tous les avantages.

Quand des formes féodales voient leurs privilèges trop menacés par des revendications environnantes, elles se coalisent, internationalement, pour se débarrasser des revendicateurs ; elles arrivent alors à faire se haïr et s'entre-tuer, sous prétexte de patriotisme, des malheureux qui ne se connaissent pas, des malheureux qu'elles exploitent et spolient, qu'elles trompent et aveuglent.

Aujourd'hui, les choses en sont arrivées à une intensité telle, qu'exploités et exploiteurs du capitalisme ont une nécessité urgente et absolue à le supprimer, en socialisant toutes les forces et richesses naturelles pacifiquement et évolutivement, ou révolutionnairement, mais le plus rapidement possible.

S'ils ne s'entendent pas, sans délai, pour obtenir ce résultat, ce qui est moins au pouvoir des exploités que des exploiteurs, ils sont entraînés, inévitablement, à se servir les uns contre les autres de tous les moyens possibles de destructions, les uns pour se débarrasser des autres et de leur égoïsm? de brutes, ceux-ci pour maîtriser ceux-là, s'ils le peuvent???

C'est à cette heure où l'Humanité est menacée par **elle-même** des plus terribles dangers, à la suite desquels ses meilleures acquisitions et son existence *même* peuvent être englouties, que des hommes à l'instinct d'autruche, ne voulant pas voir le péril, fulminent, ne pouvant faire plus, contre les citoyens qui veulent en faire disparaître les causes par des moyens efficaces, en démasquant les palliatifs intéressés dont l'inutilité, de plus en plus constatée, accumule des malentendus, et des fureurs désespérées de destruction et de carnage.

Eh bien, ce sont et les docteurs sans vergogne dont il est question plus haut, et leurs soutiens plus ou moins conscients, ces impudents et imprudents personnages qui ferment les yeux pour ne pas voir, qui se bouchent les oreilles pour ne point entendre, parce que, dans nos agglomérations anarchiquement organisées, ils possèdent ou cherchent à posséder des privilèges et des monopoles, ces causes secondaires et incessantes des misères individuelles et de la mort prématurée, de l'*assassinat anonyme*, d'un nombre de plus en plus considérable de citoyens par les meurtrières conditions sociales qu'ils sont contraints de subir, sous le despotisme de l'arbitraire organisé par d'iniques et hypocrites légalités.

Hélas, cet assassinat social, ce crime de lèse-Humanité ne trouble pas les ambitieux, les satisfaits, les indifférents et les poltrons; mais ces égoïstes, paralysés de l'intelligence et du cœur, s'effraient d'avoir leurs illusions menacées, d'avoir leur digestion troublée, d'avoir la peur d'avoir peur!!!

Dans leur infime minorité tapageuse, tous ces ob-
tus égoïstes nient les besoins et la misère du plus
grand nombre.

Ils crient bien haut pour se donner du courage :

« Que les socialistes révolutionnaires, s'ils ne sont
« pas des ambitieux et des dupeurs voulant pêcher
« en eau trouble, sont au moins des songe-creux
.« utopiques et fous, poursuivant la destruction d'un
« état social qui fonctionne, et une illusion sur la-
« quelle ils se refusent à réfléchir pour ne pas voir
« son impossibilité de fonctionnement. »

Les individus qui parlent ainsi mentent sciemment
ou sont des ignorants volontaires.

Depuis longtemps, en toutes sortes d'occasions, les
collectivistes-intégralistes-révolutionnaires ont indi-
qué les grandes lignes de fonctionnement de l'organisation sociale harmonique dont ils poursuivent
l'avènement.

C'est sur leurs données, que j'ai condensées, qu'est
établi le petit résumé suivant.

DEUXIÈME PARTIE

Une société harmonique ou intégralement collectiviste a pour base la *Justice*.

Elle ne peut être composée que d'associés égaux
entre eux (hommes et femmes).

Pour ces associés, les limites de leurs licences, dans
les actes, sont exactement pareilles ; et leur liberté
est illimitée pour se réunir, se coaliser, exprimer
oralement et verbalement leurs pensées ; sous la seule

condition que tout acte de violence, ou de calomnie, produit individuellement, ou collectivement, contre autrui doit être réparé deux fois par son, ou ses auteurs, une fois au profit de la, ou des victimes, et une autre fois au profit de la collectivité !

Elle est une organisation de réciprocité et de garanties mutuelles : Chacun pour tous, tous pour chacun.

Tous les efforts et les avantages sociaux y sont spécialisés et centralisés dans des services publics.

Tout son travail s'accomplit en fonctions dissemblables, par des coopérateurs intelligents et libres.

Tous sont producteurs équivalents, bénéficiaires égaux, assureurs et assurés solidairement unis contre toutes les éventualités perturbatrices.

Son activité a pour but d'assurer à chacun toute la somme possible de bien-être, de sécurité, de liberté, de savoir, d'émulation : De **développement**.

Elle est combinée, répartie, divisée, subdivisée autant qu'il est nécessaire, afin que chacun de ses participants ait ses obligations sociales variées, faciles, attrayantes, courtes efficaces, débarrassées de tout ce qui peut les rendre fatigantes, pénibles, malsaines ou dangereuses.

Au moyen des acquisitions de l'Humanité, cette activité ne s'exerce sur les forces et richesses naturelles que pour les transformer dans des services publics en productions servant à l'entretien, à la sauvegarde et au développement de la vie pour tous ; tandis qu'aujourd'hui presque toute l'activité sociale se dépense en efforts qui ne produisent rien de vraiment utile aux réels besoins de l'homme, ni au bien de l'Humanité.

Les groupes principaux de services publics de cette société ont pour objet les opérations suivantes :

ENTRETIEN DE LA VIE

1º Utiliser et transformer les forces et richesses naturelles en produits de consommations, de protections et de relations.

2º Rechercher les conditions, les divisions et les subdivisions les plus efficaces à employer pour cette utilisation et ces transformations.

3º Rechercher, améliorer, perfectionner les engins, procédés et moyens employés à cette utilisation et à ces transformations.

4º Contrôler, comparer et coordonner les divers travaux ci-dessus et leurs résultats.

5º Rechercher les meilleurs procédés et moyens de circulations, de centralisations et de distributions de tous les produits qui se consomment, et de tous ceux qui se détruisent par l'usage, afin que chaque associé puisse en choisir sa part.

6º Essayer et mettre en pratique les procédés et moyens de circulations (terrestres, maritimes, aériens) jugés les meilleurs.

7º Essayer et mettre en pratique les procédés et moyens de centralisations, jugés les meilleurs.

8º Essayer et mettre en pratique les procédés et moyens de distributions, jugés les meilleurs.

9º Contrôler, comparer et coordonner les travaux ci-dessus et leurs résultats.

10° Rechercher et essayer toutes les conditions de signes représentatifs des droits individuels aux divers avantages sociaux, de relations et d'échanges entre les différents services publics.

11° Faire les opérations relatives à la circulation des signes réprésentatifs des droits, des relations et des échanges dans la collectivité.

12° Contrôler, comparer et coordonner les travaux ci-dessus et leurs résultats.

13° Rechercher les procédés et moyens relatifs aux échanges les plus favorables avec les autres Sociétés humaines.

14° Rechercher et essayer toutes les conditions de valeurs réprésentatives d'échanges avec les autres Sociétés humaines.

15° Faire les opérations relatives à tous les échanges internationaux (exportation).

16° Faire les opérations relatives à tous les échanges internationaux (importation).

17° Contrôler, comparer et coordonner toutes les opérations relatives aux échanges internationaux et leurs résultats.

SAUVEGARDE DE LA VIE

1° Rechercher les causes de troubles et de désorganisations provenant de l'organisme humain.

2° Rechercher les procédés et moyens pour combattre et détruire ces causes, en prévenir et réparer les effets.

3º Essayer et mettre en pratique ces procédés et moyens.

4º Contrôler, comparer et coordonner tous les travaux et résultats à l'organisme humain.

5º Rechercher les causes de troubles et de désorganisations provenant du milieu social national.

6º Rechercher les procédés et moyens pour combattre et détruire ces causes, en prévenir et réparer les effets.

7º Essayer et mettre en pratique ces procédés et moyens.

8º Contrôler, comparer et coordoner tous les travaux et résultats relatifs au milieu social national.

9º Rechercher les causes particulières et générales de troubles et de désorganisations provenant de la flore, de la faune, du climat et du sol.

10º Rechercher les procédés et moyens pour combattre et modifier ces causes, en prévenir et réparer les effets.

11º Essayer et mettre en pratique ces procédés et moyens.

12º Contrôler, comparer et coordonner les divers travaux ci-dessus et leurs résultats.

13º Rechercher les causes pouvant amener des difficultés avec chacune des autres Sociétés humaines, les moyens de combattre et de détruire ces causes; applications de ces moyens.

14° Contrôler les efforts et les moyens appliqués à l'harmonie sociale intérieure et extérieure, et leurs résultats.

15° Rechercher les engins, procédés et moyens pour se défendre des agressions éventuelles des autres Sociétés humaines.

16° Créer ces engins, les entretenir et les perfectionner.

17° Utiliser ces engins; mettre en pratique les procédés et moyens de défense nationale contre les possibilités d'agressions extérieures.

18° Contrôler, comparer et coordonner tous les travaux et résultats relatifs à la défense nationale.

Quand une première société collective se sera établie, elle sera d'abord en butte à toutes les animosités des dirigeants des sociétés individualistes environnantes; mais bientôt, ces dernières se transformeront, deviendront, elles aussi, collectivistes et finiront par se fondre dans une grande fédération communiste humaine; mais, en attendant, et tant qu'il existera des nations à état social individualiste, il sera nécessaire, hélas! que les sociétés les plus altruistes prennent des précautions pour se garantir contre toute attaque extérieure possible.

19° Centraliser, coordonner et améliorer tous les procédés et moyens pour réparer individuellement et collectivement tous les effets fâcheux provenant de n'importe quelles causes. (Vieillesse, accidents, maladies, etc., etc.)

5.

DÉVELOPPEMENT DE LA VIE

1° Rechercher les meilleures conditions, les procédés et les moyens pour que les mères, pendant toute la période de leur gestation, puissent transmettre au germe qu'elles portent les impressions les plus favorables.

2° Rechercher et essayer les meilleurs procédés et moyens pour que les enfants, dans leurs premières années, soient excités à l'exercice, à l'observation, au jugement, à la spontanéité, à l'intuition, afin que — physiquement et intellectuellement — ils se développent harmonieusement.

3° Vulgariser et essayer, socialement, de plus en plus, les meilleurs procédés et moyens pour le développement harmonieux de l'enfant à l'état embryonnaire et dans ses premières années.

4° Contrôler, comparer et coordonner les essais, travaux et résultats relatifs au développement harmonieux de l'enfant dans sa vie intra - utérine et ses premières années.

5° Rechercher les meilleures méthodes, les procédés et moyens pour que l'enfant, dans son âge deuxième, se familiarise avec la pratique et la théorie de la Solidarité; qu'il s'approprie graduellement — physiquement et intellectuellement — les premiers éléments d'hygiène, de chant, de gymnastique, de natation, de travail et de science; qu'il soit, de plus en plus, incité à chercher, à juger, à agir, à se connaître, à se contrôler, à ne jamais mentir (études primaires).

6ᵉ Essayer et mettre en pratique les méthodes, procédés et moyens pour le développement harmonique des études primaires.

7ᵒ Contrôler, comparer et coordonner les essais, méthodes, travaux et résultats relatifs au développement harmonique des études primaires.

8ᵒ Rechercher les meilleures méthodes, les procédés et les moyens pour que l'enfant, de son âge deuxième à sa puberté, continue encyclopédiquement son harmonieux développement; qu'il soit poussé à réfléchir, à analyser, à synthétiser, à généraliser le plus possible; à fuir la fanfaronnade, la pusillanimité, l'égoïsme; à suivre les divers détails des travaux sociaux, à en étudier physiquement et intellectuellement la pratique (études secondaires).

9ᵉ Essayer et mettre en pratique les méthodes, procédés et moyens reconnus les meilleurs pour le développement encyclopédiquement harmonique des études secondaires.

10ᵒ Contrôler, comparer et coordonner les méthodes, essais, travaux et résultats relatifs aux développements harmoniques des études secondaires.

Les études secondaires ne pourront être commencées par aucun enfant avant qu'il ait dix ans; tout l'enseignement qui les précède devra lui être donné de façon concrète : En provoquant ses questions, en lui donnant toujours des réponses appropriées à son intelligence, ainsi que des leçons de choses de plus en plus compliquées.

11° Rechercher les méthodes procédés et moyens pour que, de plus en plus, les jeunes gens, de la fin de leurs études secondaires à vingt et un ans : Développent leurs études des différents travaux sociaux physiques et intellectuels ; étudient et discutent librement, entre eux, les systèmes généraux, les théories et les hypothèses principales des divers groupes de connaissances exactes ; recherchent et expérimentent les moyens de reconnaître ce que le témoignage des sens a d'illusoire et de réel ; qu'en même temps, ils s'habituent aux exercices, exigences et difficultés de l'état présumé de défense nationale contre les agressions extérieures, et s'exercent à de respectives et fraternelles subordinations : Chacun d'eux, dans tous ses travaux, remplissant alternativement des fonctions d'exécution et de direction (études complémentaires).

12° Essayer et mettre en pratique les méthodes, procédés et moyens relatifs aux études complémentaires.

13· Rechercher les meilleures méthodes, les pro. cédés et les moyens pour que les jeunes hommes et les jeunes femmes, leurs études complémentaires accomplies, aient leurs aptitudes supérieures mises en lumière et développées (études spéciales).

14° Essayer et mettre en pratique ces méthodes, procédés et moyens.

15° Rechercher, essayer, mettre en pratique et utiliser au profit de la collectivité toutes les aptitudes individuelles intégralement développées et harmonisées.

Dans une société où toutes les aptitudes individuelles seraient développées et utilisées comme valeurs sociales équivalentes, tous les citoyens seraient de plus en plus stimulées *altruistement* à produire tout ce qui leur est possible ; toutes les individualités de non-valeurs et de perturbations sociales disparaîtraient rapidement, et beaucoup de caractères qui sont aujourd'hui des dangers sociaux seraient alors très utilement utilisés.

16° Étudier et établir tous les moyens d'encourager continuellement les penseurs à chercher — logiquement et scientifiquement — le pourquoi et le comment, les causes et les effets possibles de tout ce qui est dans la Nature.

17° Contrôler, comparer et coordonner tous les essais, travaux et résultats relatifs aux études complémentaires et spéciales, au développement et à l'utilisation de toutes les aptitudes individuelles.

18° Rechercher toutes les possibilités d'incitations et d'émulations aux poursuites et découvertes individuelles et collectives de jouissances sociales hygiéniques et fortifiantes, artistiques et scientifiques, sédentaires et cosmopolites : Afin que chaque citoyen ait toujours, sans nuire à la liberté et au droit des autres, toutes les facilités possibles de choisir et de varier ses plaisirs, de développer et d'utiliser son intelligence et son vouloir.

19° Réaliser toutes ces possibilités.

20° Contrôler, comparer et coordonner les recherches, les essais, la mise en pratique et les résultats

relatifs aux incitations, émulations et jouissances
sociales.

21° Rechercher de nouveaux et plus étendus avantages sociaux dans les acquisitions humaines antérieures, les forces et richesses naturelles.

22° Essayer et mettre en pratique toutes les récentes
acquisitions et découvertes sociales.

23° Rechercher et mettre en pratique toutes les
possibilités de rapprochements, de fédération, de
fusion avec tous les groupes humains par : La propagande de la Solidarité ; des échanges, des conventions, des congrès, des expositions, des traités de
toutes sortes ; la création, le perfectionnement inces-
sant et la propagation d'un langage (mimé, parlé,
écrit) universel, simple et clair, mathématico-carac-
téristique, onomatopique et conforme aux indications
de la nature, ayant un signe distinctif pour chaque
chose différente.

Une des causes qui entretiennent et perpétuent l'individualisme, les erreurs et les plus sérieux dissentiments entre les
hommes, c'est la pluralité et la diversité de signification des
mots de leurs langages.

Dans la nature organique de l'homme, rien ne s'oppose à ce
que l'Humanité ait un langage unique ; l'égoïsme, seul, y voit
des obstacles.

24° Établir une exposition générale et des expositions secondaires momentanées de tous les docu-

ments de recherches et de découvertes artistiques, littéraires, industrielles, scientifiques qui se sont faites et se font sur la planète, alors qu'elles ne sont encore l'objet d'aucun service public national.

25° Contrôler, comparer et coordonner les divers travaux ci-dessus et leurs résultats.

26° Rechercher et mettre en pratique les conditions et les moyens pour que tous les citoyens puissent toujours, facilement, librement, pacifiquement, se mouvoir dans la Société dont ils sont les unités intelligentes et libres; y choisir des fonctions qui y sont nécessaires, et qu'ils peuvent utilement accomplir; y remplir leurs réciproques obligations; y jouir intégralement de leur part dans tous les avantages collectifs; en connaître, contrôler et discuter tout le fonctionnement.

27° Étudier, établir, publier continuellement l'histoire et la statistique de chacun des services publics; ainsi que les moyens sociaux créés pour encourager les libres recherches individuelles, et en expérimenter les résultats.

Ces soixante-trois principales divisions de l'activité sociale ne seront que des points de repère servant à établir les indispensables groupes généraux des services publics.

Ces groupes généraux de services publics ne pourront être instaurés d'un seul coup.

Ils seront autant subdivisés qu'il sera utile pour

l'efficacité et l'excellence du but à atteindre, et des
moyens à employer ; ils se pénétreront et se compléteront les uns les autres ; ils seront toujours modifiables, et en tendance au mieux possible.

Les services publics seront constitués pour prévoir,
combattre, détruire ou modifier les causes perturbatrices des intérêts collectifs et individuels, en réparer les effets ; chercher, organiser, améliorer et répar-
tir entre tous également tous les avantages sociaux.

Les avantages sociaux, répartis également entre
tous, conservent, développent et solidarisent tous les
réels intérêts individuels.

La nature, dans l'infinité de l'Espace et du Temps,
ne comporte que des Existences éternelles et autono-
mes ; l'ensemble de leurs manifestations qui sans cesse
se transforment et se détruisent ; et les lois immuables
qui régissent toutes les possibilités : Il y a les lois na-
turelles, elles sont éternelles ; et des causes artificielles,
elles sont transitoires.

Il faut que les hommes apprennent à connaître : Les
premières, pour s'y conformer ; les secondes résultant
pour les Êtres de leur emploi égoïste et inintelligent
de ce qu'ils ont de liberté, pour les transformer par
le bon usage de ce qu'ils ont de possibilités d'action
sur elles.

Les Existences éternelles ont eu, simultanément,
à l'origine, une même identité ; depuis, dans les li-
mites de leur liberté, de moins en moins restreintes,
elles évoluent et se perfectionnent de différentes façons
elles deviennent de plus en plus dissemblables dan
leur développement et leurs manifestations ; mais la
nature les laisse continuellement solidaires et coopé-
ratrices entre elles par une respective subordination,

ne leur permettant jamais, impunément, des inégalités hiérarchiques ; donc :

La coopération sociale égalitaire est conforme aux
lois naturelles; ses effets sont avantageux à tous.

Une hiérarchie d'inégalités sociales n'est qu'un
résultat artificiel et fugitif de mobiles factices, que
se donnent des individus qui se dupent eux-mêmes ; ses
conséquences, toujours, leur sont pernicieuses.

La Justice, l'Égalité, la Liberté, l'Utilité, le Droit
et le Devoir sont de la Solidarité des faces pareilles,
inséparables et indispensables : Tout ce qui, socialement, en amoindrit une, amoindrit toutes les
autres.

Sans égalité, la Solidarité est impossible, la liberté
et la sécurité n'existent pour personne ; tous sont
soumis au despotisme de l'égoïsme individuel : Chacun est, plus ou moins, victime et bourreau.

L'égalité sociale produit de bons fruits ; l'inégalité,
des fruits mauvais.

La réelle égalité sociale ne pourra exister que dans
une organisation de Solidarité intégrale, dans laquelle
l'intérêt particulier s'identifiera à celui général; où
chaque individu aura ses intérêts se confondant avec
ceux de chacun des autres, et où il sera une cellule
fonctionnant autonomiquement au profit de tous.

Cette égalité ne sera pour les citoyens ni le semblable, ni l'uniformité ; moins encore le nivellement ;
mais l'équivalence réellement équitable des avantages
que chacun d'eux recevra de la collectivité, en retour
des utilités que ses efforts lui apporteront.

Le mot égalité comme le signe mathématique $=$ qui
le représente, signifie littéralement « s'équivalant, de
même valeur » ; c'est établir une confusion trompeuse

que de l'employer pour semblable, pareil, uniformité, dont il ne comporte pas les significations ; un homme instruit qui établit cette confusion dans ses écrits ou ses discours pour combattre le principe de l'égalité est de mauvaise foi ; c'est un égoïste orgueilleux.

L'expression égalité sociale indique une situation respective d'indidus très dissemblables de détails, mais qui chacun forme un tout de même valeur d'équivalentes utilités sociales.

Cette situation établit pour tous indistinctement les mêmes droits et les mêmes devoirs ; elle donne à chacun sans exception les mêmes facilités pour s'acquitter et pour bénéficier, également et par équivalence, des charges et des avantages sociaux ; elle est socialement : La pratique de la justice naturelle ; la possibilité de la Solidarité entre chacun ; la garantie de la liberté pour tous ; enfin elle rend impossible, dans l'organisation dont elle est la base, tout acte de licence et de despotisme individuel ou collectif.

C'est seulement dans cette organisation que les véritables supériorités seront connues, acceptés et employées harmoniquement : Parce que leurs possesseurs n'y ayant point d'intérêts à tromper personne, y auront tout d'avantage à servir l'intérêts de tous.

Au point de vue où sont l'état cérébral de l'Humanité, les antogonismes, les besoins et les moyens sociaux, cette organisation est urgente, elle est la seule réalisable ; la seule qui peut, à chaque individu — en retour de sa part d'efforts donnés à la Solidarité — : Assurer toute sa liberté et tous les avantages possibles pour sa consommation, ses productions, ses actes individuels, l'épanouissement de toutes ses facultés et aptitudes dans ses œuvres (scientifiques, artistiques,

*etc.); et lui donner les moyens de développer et d'af-
firmer toutes ses supériorités vraies.*

*Cette organisation ne peut être composée que de
citoyens égaux socialement entre eux : Fonctionnaires
libres et intelligents dans ses services publics; lesquels
sont ses organismes, ses organes, ses organites.*

*Elle ne peut comporter ni hiérarchie, ni privilèges,
ni gouvernement :*

*Dans la société collectiviste, à tous les gouverne-
ments actuels, il ne sera pas substitué de comités, mais
un service public de concentration générale, dont les
membres auront les mêmes avantages et les mêmes
responsabilités sociales que tous leurs concitoyens :
Un gouvernement quelconque est toujours la résultante en même temps que la force des privilégiés de la
société individualiste qu'il représente; les comités
arrivent toujours à produire des coteries d'intérêts
individualistes.*

*Cette indispensable organisation sera ; car la néces-
sité oblige, de plus en plus, chaque homme à employer
son activité libre et consciente pour créer un milieu
harmonique à ses besoins réels, à ses aspirations : A
son* **développement.**

*Aucun individu ne peut jamais à lui seul suffire à
ses besoins; plus il est développé, plus — pour conquérir ce qui lui est nécessaire — l'entente avec tous
ses semblables lui est indispensable; s'il est en lutte
avec l'un d'eux, il en souffre et son évolution en est,
momentanément, atteinte.*

*Toute collectivité, de même que toute espèce, n'existe
et n'évolue que par les individus. Quelques-uns d'abord,
dans chaque espèce, en cherchent et en acquièrent les
qualités possibles et supérieures. Ce sont ces qualités*

qui permettent évolutivement leur passage à d'autres
espèces plus développées ; mais, avant, ils servent d'i-
nitiateurs à leurs congénères qui devront, eux aussi,
conquérir ces m mes qualités.

Plus une espèce est développée, plus son principal
milieu lui donne de possibilités et lui impose de Solidarité pour qu'elle les puisse réaliser et accomplir son
évolution vitale.

Si les hommes continuaient d'avoir l'intérêt individuel pour base de leurs relations, il est certain que
l'espèce humaine, sans avoir accomplie son progrès
évolutif, disparaîtrait de la terre comme tant d'autres
espèces inférieures, dont on ne retrouve que de traces
paléontologiques : L'ennemi le plus cruel et le plus
destructeur de l'homme, c'est l'homme lui-même, tant
qu'il n'a d'autre but que les satisfactions illusoires de
son égoïsme.

Si, au contraire, les hommes — qui ne sont en réalité que les animaux, les êtres organiques les plus
développés sur notre planète, ceux dont les limites
de liberté sont les moins restreintes — emploient ce
qu'ils en possèdent pour agir suivant la loi universelle,
la Solidarité, ils se débarrasseront de toutes les afflic-
tions et de toutes les maladies qui les tortures ; ils ac-
quéreront des immunités, des aptitudes, des facultés
nouvelles et plus étendues ; ils modifieront à leur profit
leur organisme et tous les milieux sur et dans lesquels
ils se meuvent ; et ils transformeront l'espèce à laquelle ils appartiennent.

Il faut que la base des relations humaines conformes
aux lois naturelles s'établisse d'abord sur un point,
d'où elle rayonnera dans toute l'humanité ; car les
erreurs et les ignorances individuelles qui méconnais

sent ces lois ont des conséquences anarchiquement désastreuses, mais momentanées et restreintes, disparais-
sant avec les causes artificielles qui les produisent;
tandis que la vérité qui les constate, est immuable,
éternellement, et a ses effets harmoniquement avantageux, permanents et illimités.

L'erreur n'est jamais absolue, elle est toujours relative; elle a ses extrêmes; elle provient de faux-savoir
et de conceptions égoïstes; ses aspects innombrables
sont de plus en plus démasqués par l'altruitisme et le
savoir réel.

Tout extrême amène l'extrême contraire; partout et
réciproquement, les absurdités des doctrines dites
révélées ont eu, comme réaction, des absurdités matérialistes; les exagérations des doctrines du libre-
arbitre, et de celles anarchiques, affirmant la possibilité de la liberté humaine absolue, ont amené la
négation absolue de cette liberté, dans les doctrines
d'autoritarisme, et dans les exagérations de celles du
déterminisme.

La vérité est une; elle n'a ni relatifs, ni extrêmes;
elle est de mieux en mieux entrevue par les masses, et
démontrée par la science, qui est la seule révélation
nécessaire et possible.

Il n'y a pas de fatalités; mais toute cause artificielle
et tout moyen mauvais produisent, inévitablement,
des effets et des résultats pernicieux.

Il est impossible d'enrayer, d'amoindrir, de faire
disparaître, même révolutionnairement, des effets
malfaisants, sans en connaître, combattre, détruire
ou modifier la cause.

Afin que, socialement, les actes révolutionnaires ne
soient pas stériles, **nuisibles même**, ils doivent vi-

ser non des causes secondaires, mais la cause mauvaise principale; en même temps, un but utile et bien défini; de plus, ils ne sont des moyens indispensables que quand les évolutions nécessaires vers ce but rencontrent des résistances persistantes.

Et, même, quand ces moyens doivent être employés par les travailleurs — comme tous les excès sont préjudiciables à leurs auteurs, et à l'efficacité de leurs efforts — il faut que les travailleurs, en agissant révolutionnairement, ne fassent que ce qui, **présentement**, est utile au but qu'ils veulent atteindre; afin que les conséquences de leurs actes soient avantageuses à tous, et ne puissent pas être exploitées contre eux, et contre le progrès, par leurs adversaires et par de prétendus socialistes.

Les promoteurs des moyens révolutionnaires et de leurs excès probables sont, dans l'Humanité, comme dans la nature, des individus qui, par leur égoïsme plus ou moins dissimulé, contribuent à perpétuer autour d'eux l'iniquité et la haine.

Il faut que les travailleurs sachent bien que tous les effets nuisibles dont ils sont victimes, proviennent de l'inégalité sociale, résultat forcé de l'appropriation individuelle des forces et richesses naturelles, et des acquisitions antérieures de l'Humanité.

Les seules possessions ou propriétés desquelles ont besoin, et auxquelles ont droit, tous les individus, **sans exception**, sont celles qui leur sont utiles à consommer pour vivre, et se développer physiquement et intellectuellement.

Or, quelle que soit la disette ou l'abondance des avantages consommables dans une société humaine, *l'appropriation individuelle — même d'une seule partie de leurs sources — est toujours inique, perturbatrice et défavorable pour tous, sans jamais être, réellement, avantageuse à personne.*

En équité, et par définition, la propriété individuelle devrait comporter, seulement, ce qui est nécessaire et appartient légitimement à chacun. D'où il résulte que les principes collectivistes sont les vrais soutiens de cette propriété ; puisqu'ils la veulent sous toutes ses formes et pour tous : Inaliénable, sans cesse féconde dans ses sources, et de plus en plus abondante dans ses résultats.

Ces principes servent également la famille et la patrie, puisqu'ils y détruisent les principales causes de désordres et d'iniquités ; qu'en même temps, il y développe l'Union, la Solidarité et l'Amour.

Il faut que les travailleurs connaissent clairement le but à atteindre, ainsi que les vrais et meilleurs moyens pour le conquérir ; afin de ne plus se laisser duper par ceux qui les exploitent aujourd'hui, ni par ceux qui voudraient les exploiter demain.

Il faut qu'ils ne se laissent point égarer à de vaines manifestations, ni à la poursuite de modifications stériles et sans lendemain : Elles leurs sont inutiles dans le présent et dans l'avenir. Mais il faut qu'ils concentrent toutes leurs énergies en des efforts dont les résultats immédiats seront indestructibles, efficaces, rapides, pratiques et justes.

Il faut qu'ils fassent ces efforts : Pour l'émancipation humaine ; en poursuivant sans cesse la conquête d'une organisation sociale de plus en plus égalitaire et complète de toutes les forces collectives ; sans violenter personne dans sa liberté ; en punissant, rigou-

reusement et sans miséricorde, tous leurs manda-
taires infidèles.

Il faut que chacun d'eux accomplissent fidèlement
son devoir de Solidarité ; qu'il veuille énergiquement
tout ce qui est possible et sérieux dans les transfor-
mations sociales altruistes ; qu'il défende sans fai-
blesse sa liberté et celle de ses adversaires, le droit
des autres comme le sien; parce que toute loi, toute
mesure exceptionnelle, aujourd'hui, dirigée contre
le droit ou la liberté d'un de ses adversaires, sera,
demain, impitoyablement retournée contre lui, con-
tre sa liberté.

Travailleurs, les principes et les besoins sociaux,
les moyens généraux de les satisfaire, ci-dessus indiqués, ont été cherchés, observés, reconnus dans la
nature de l'homme et dans les conditions où il se
meut par des collectivistes-intégralistes-révolutionnaires, employant la méthode expérimentale la plus
rigoureuse pour trouver la solution du problème
sociologique que l'individualisme rend de plus en
plus compliqué, difficile, urgent à résoudre pour
l'Humanité.

Tenant compte dans l'énoncé du problème, non
seulement des conditions économiques actuelles, qui
ne sont que des résultats, mais surtout de leur véritable cause, ainsi que de tous les autres facteurs que
ce problème comporte : Le but à atteindre pour le plus
grand avantage de la collectivité et de chacun des individus qui la composent; la situation où nous sommes,
tant pour les hommes qui s'y meuvent que pour les
institutions qui en sont la base ; la première étape à

parcourir (elle est indiquée dans la troisième étude), il ne serait pas scientifique de vouloir définir les suivantes, leurs facteurs nous étant inconnus ; les duperies dont nous avons à garantir nos recherches et nos efforts pour établir un état social où toutes les relations humaines seront harmoniques et bonnes également à tous; ces collectivistes ont, de plus, reconnus que les socialistes conscients doivent :

Ne jamais se rallier à des hommes, mais à des principes; ne point avoir de chefs, mais des programmes efficaces et des mandataires réellement responsables; se considérer comme citoyens du monde et, internationalement, être des serviteurs résolus de l'émancipation humaine en même temps que des adversaires énergiques de tout ce qui est cause d'antagonisme entre les hommes : L'idée de patrie, entre autres, est une de ces causes, et non la moindre.

Le plus possible profiter, en aidant à les fédéraliser, des bénéfices que peuvent procurer à l'individu les moyens transitoires individualistes, tels que : Syndicats; caisses de prévoyance, d'assurances, de retraites, de mutualité; associations de toutes sortes, surtout celles de productions et de consommations, etc. etc; mais en démontrant en toutes occasions que ces moyens ne sont que des palliatifs individuels absolument ineficaces au point de vue social : Cela pour le mieux et le plus rapidement possible supprimer des intermédiaires parasites et se conquérir de l'indépendance économico-sociale ; s'armer socialement contre les exploiteurs et se créer contre eux des armes efficaces; s'instruire des rouages sociaux et précipiter la révolution sociale nécessaire.

Défendre oralement et verbalement ce principe :

6

Que nul détail se rapportant à des besoins sociaux
ne doit être édifié que pour un temps relativement
court, parce que l'expérience prouve que toutes les
œuvres sociales qui, à un moment donné, sont bien
pour un usage collectif quelconque, deviennent de
plus en plus insuffisantes à cet usage, pour plusieurs
causes, dont la principale est la difficulté de les
pourvoir des meilleurs et plus récents perfectionnements acquis, ce qui les prolonge dans la routine et
l'individualisme au détriment de tous, et retarde la
transformation du gâchis individualiste actuel en organisations de plus en plus égalitaires et bonnes à
tous.

Les principes, besoins et moyens sociaux ci-dessus
ne sont pas les détails de l'existence individuelle et
collective dans l'harmonique société future ; mais ils
en sont les bases de fonctionnement.

Les collectivistes-intégralistes-révolutionnaires sérieux, scientifiques, altruistes ne disent et n'écrivent
que ce dont ils sont certains, et ils le mettent en
pleine lumière.

Pour se garder d'erreurs et de tromperies, ils ne
précisent jamais des détails futurs lesquels résulte-
ront de facteurs qui se modifient sans cesse.

**L'humanité, par son développement ac-
tuel et ses acquisitions antérieures, acquiert de plus en plus facilement de nouveaux avantages qui, contre toute équité,
deviennent surtout la proie de quelques-
uns; elle a les facteurs de ses sociologies en
variations incessantes et imprévues; chacune de ces variations y perturbe et y divise**

davantage les intérêts individuels; aussi, nul cerveau humain ne peut prévoir ce que les sociétés individualistes d'aujourd'hui seront demain.

Dans l'Organisation collectivistes-intégraliste-révolutionnaire, toutes les modifications seront étudiées et voulues ; elles apporteront du profit à chaque individu, et à tous toute la somme possible de liberté, laquelle n'est jamais aussi complète pour un individu, que quand il est associé à tous ceux qui l'entourent; et, qu'alors, tous se la limitent, volontairement et réciproquement, dans le cas où celle de l'un quelconque d'eux, si elle était absolue, pourrait empiéter sur celle d'un autre, ou amener des collisions :

Tous les hommes ont également droit à une liberté aussi complète que possible et aux dons de la nature pour vivre, satisfaire leurs besoins et leurs aspirations au bonheur; mais aucun ne peut jouir de ce droit aussi pleinement et avantageusement que lorsqu'ils sont contractuellement égaux et solidaires entre eux.

CONCLUSION DE LA DEUXIÈME ÉTUDE

Le Collectivisme-Intégral-Révolutionnaire est l'organisation du milieu social conformément aux conditions indispensables à la sécurité et au perfectionnement des individus et de l'espèce; elle y fait logique-

ment diminuer et disparaître les causes d'atavisme
et d'égoïsme, naître et se développer celles d'altruisme.

Cette organisation ne comporte ni autoritarisme,
ni dictature; elle rend facile et agréable à tous une
Solidarité effective; elle donne à chacun toute sa
liberté et son développement possibles; elle ache-
mine évolutivement, rapidement, au Communisme
harmonieux et universel, forme sociale nécessaire au
bonheur réel des individus et à l'évolution dernière
et définitive de l'espèce.

Ce communisme sera un organisme social dans
lequel tous les avantages sociaux seront en commun,
et où les rapports sexuels auront pour base les choix
par affinités électives, et les libres conventions entre
les intéressés. Parce que tous les bénéficiaires de
cet état social y seront intimement associés d'intérêts et s'aimeront les uns les autres, ils se respec-
teront réciproquement : Il commencera dans l'Humanité là où les citoyens seront les plus intelligents,
les meilleurs et les plus libres.

Cette organisation a pour but d'assurer à chaque
citoyens, en plus de ce qui est nécessaire à son existence : 1° le développement intégrale de toutes ses
aptitudes, et leur utilisation comme équivalences sociales; 2° son libre choix d'appropriations équivalentes sur tous les fruits du capital humain; 3° tout ce
qui peut contribuer à sa plus complète liberté.

Elle est basée sur l'inaliénation individuelle, et
l'exploitation collective du capital humain de plus
en plus productif.

Ce capital se compose : de toutes les forces et richesses naturelles ; de toutes les acquisitions anté-

rieurement et collectivement faites par l'Humanité; de toutes les sources de production qui peuvent contribuer à l'exercice et au développement de la vie humaine.

Ces sourc es : 1 les instruments collectifs de tous les développements individuels, et de toutes les parties du travail social; 2° le sol, le sous-sol, le sursol, avec leurs matières premières et leurs diverses forces.

TROISIÈME ÉTUDE

VOIES ET MOYENS

Amis lecteurs, j'essaie ici de vous tenir la promesse que je vous ai faite dans la deuxième étude du présent ouvrage.

J'espère vous y avoir démontré :

1° L'urgente nécessité d'une transformation radicale de toutes nos relations sociales ;

2° Qu'elle ne peut s'opérer que par une révolution complète de la base qui leur a servi de pivot jusqu'à présent, à toutes les époques de notre Humanité, et sur tous les points de notre planète.

La réalisation de cette révolution fait, maintenant, partie d'un problème inéludable dont la solution a toujours été un devoir pour l'Humanité ; dont, pourtant, elle ne s'est encore occupée qu'iniquement et empiriquement.

Ce problème, dont l'importance s'affirme de plus en plus sous le nom de **Question-Sociale**, s'impose rigoureusement à nous tous pour notre existence.

Chaque homme, aujourd'hui, doit, pour sa sécurité et sa conscience, se demander, sans retard et sérieusement, qu'est-ce que la **Question-Sociale** ?

Dois-je, et, si oui, comment puis-je coopérer à la résoudre le plus rapidement possible ?

Chaque homme qui se demande qu'est-ce que la **Question-Sociale** est obligé de réfléchir et de reconnaitre : Qu'il a des besoins impérieux et des aspirations au mieux-être ;

Que pour satisfaire ces besoins et ces aspirations, il lui est indispensable d'avoir des relations avec les autres hommes ; d'obtenir leur concours en toutes circonstances.

Alors il voit que la **Question-Sociale** l'oblige à chercher, à connaître, à aider la réalisation de toutes les conditions nécessaires pour que la société dont il fait partie lui donne toutes les satisfactions possibles.

Il constate que cette question existe pour tous, comme pour lui.

Mais toute question a sa formule, comment exprimera-t-il celle-ci ?

Deux manières générales peuvent lui paraitre possibles :

L'une, où des mobiles illusoires de son étroit égoïsme l'influencent; l'autre, que son intérêt bien compris lui fait entrevoir.

S'il persiste à vouloir la première, qui tend à prolonger, par des palliatifs, l'absurde anarchie actuelle, c'est qu'il y est ou veut y être exploiteur : C'est un égoïste ambitieux, satisfait, indifférent ou poltron ; c'est un être encore dans les bas-fonds humains ; c'est un malfaisant fauteur de révolutions sanglantes.

A notre époque, devant la Justice-Éternelle et l'Humanité, les Ravachots sont bien moins coupables que les bourgeois exploiteurs. Les révoltes et les haines de ceux-là sont engendrées par l'impitoyable mauvaise foi de ceux-ci, qui masquent et caressent leurs féroces appétits parasitiques, avec des calomnies contre les prolétaires, et les affirmations monstrueuses dans le genre de celles-ci : On ne meurt pas de faim ! Qui n'a pas de vices, a toujours du travail, et peut faire des économies, même fortune ! Il faut des pauvres et des riches !!!

Aujourd'hui, le titre méprisé de bourgeois n'est pas applicable à tous ceux qu'une position quelconque fait privilégiés dans l'état anti-social actuel ; mais il est l'apanage de tout égoïste qui, ne se préoccupant que de ses appétits, ou de ses privilèges, ne se préoccupe ni des droits des autres, ni de ses devoirs envers tous : Il y a, hélas ! des bourgeois parmi les prolétaires.

D'où qu'elles viennent, passives ou actives, les résistances aux transformations nécessaires obligent, pour les vaincre, les exploités les plus pacifiques à employer la violence, afin de se soustraire aux abus, monopoles et privilèges dont ils sont victimes.

Comme il est possible, présumable même, hélas ! que des chocs, des destructions, des carnages épouvantables surgiront de l'antagonisme aigu entre les bipèdes arriérés qui croient avoir bénéfice à soutenir l'état social individualiste, et les hommes qui, par nécessité, intelligence, Humanité, cherchent à le transformer rapidement et radicalement; je veux, dans une autre étude (le jour et le lendemain de la révolution), chercher avec vous, citoyens lecteurs, comment les conséquences desastreuses de ces terribles extrémités ne pourront point — comme dans tous les cas analogues du passé — être exploitées par une minorité égoïste et rusée contre une majorité trompée et aux prises avec des besoins urgents et inéluctables.

Ce — qu'à ce moment et sans retard — il sera indispensable de faire pour mettre, définitivement, fin à toute possibilité future de luttes, de duplicités, de spoliations entre les membres de la nouvelle association humaine.

Ici, je me joints à toutes les intelligences que leur amour d'eux-mêmes ne rend pas fous ;

A celles qui désirent mettre en lumière et servir la seconde possibilité d'exprimer le problème de la **Question-Sociale** ;

A tous ceux qui, par altruisme ou par intérêt bien raisonné, veulent vraiment agir en hommes, en cherchant sérieusement à résoudre ce problème qui intéresse chacun de nous et l'Humanité tout entière.

Je leur dis, mes amis, poursuivons ensemble la solution du problème qui s'impose à notre raison, et, pour qu'elle soit facile à trouver, donnons une forme claire à nos recherches.

Pour nous aider, faisons appel à l'expérience générale humaine, nous en apprendrons :

Que tous les hommes aspirent au mieux-être et au bonheur;

Que chacun d'eux s'en fait un idéal différent;

Que les aspirations et les besoins ne paraissent

pas les mêmes chez tous; qu'il est nécessaire que chacun puisse apprécier les siens, pour en modifier les parties artificielles;

Que nul homme ne peut réellement se juger et juger les autres, se modifier, connaître et satisfaire ses aspirations et ses besoins naturels, s'il ne possède toute la somme possible de bien-être, de sécurité, de liberté, de savoir, d'émulation : De **déveloﬁ-pement,** que peut donner le milieu social où il évolutionne.

Que, dans un milieu social quelconque, un seul homme déshérité de l'un des droits ci-dessus est spolié, et, qu'alors, il est toujours une menace et un péril pour tous les autres.

Ainsi, en interrogant sincèrement l'expérience universelle de l'Humanité, nous en apprenons que la répartition intégrale et égale entre tous de toutes les conditions sociales de bien-être, de sécurité, de liberté de savoir, d'émulation : De **développement,** est indispensable et suffisante aux possibilités collectivistes et individuelles de Solidarité, de sécurité, de bonheur.

Un des résultats indéniables de nos recherches nous donne donc, pour notre problème, l'énoncé suivant :

1° Trouver les conditions indispensables à une organisation sociale où tous — **sans exception** — posséderont toute la somme possible de bien-être, de sécurité, de liberté, de savoir, d'émulation : De **développement.**

2° Trouver les moyens équitables, efficaces, pratiques, rapides pour conquérir ces conditions : Établir cette organisation et la rendre indestructible.

3° Faire la preuve que cette organisation est nécessaire; qu'elle est indispensable au bien de chaque individu et à celui de toute la collectivité; qu'elle est la seule possible; qu'elle est conforme aux lois naturelles; qu'elle est évolutive.

En résolvant la deuxième partie de notre problème, nous verrons si, vraiment, il y a devoir et nécessité pour chaque homme de faire tous ses efforts pour que ce problème soit promptement résolu.

Nous verrons, également, quelles sont pour tous les raisons qui motivent ce devoir et cette nécessité.

Afin de résoudre scientifiquement notre problème, faisons encore appel à l'expérience universelle, elle nous montrera clairement :

Qu'aucun individu ne peut vivre dans l'isolement.

Que, réunis dans un milieu quelconque, des individus dont les efforts ne s'accordent pas ne peuvent obtenir ce qui leur est absolument indispensable que par des luttes incessantes, difficiles et meurtrières.

Qu'unissant leurs efforts, ils obtiennent, pour chacun d'eux, plus et de meilleurs résultats.

Que plus ils sont en grand nombre dans une association harmonique, plus — par la division du travail — sont nombreux, divers et supérieurs, les avantages qu'ils obtiennent avec moins d'efforts.

Qu'ils ne peuvent réaliser longtemps cette association harmonique, si l'un d'eux peut s'y approprier plus d'avantages et de droits que les autres; car, pour acquérir cette prééminence, il est toujours incité à la rechercher, à la conquérir, à la conserver au détriment de ses associés.

Que l'égalité sociale n'existe point là, où les avantages et les droits sociaux sont inégalement répartis.

Que plus une société — fondée sur l'inégalité sociale — possède d'avantages nombreux et divers : Plus elle contient d'iniquités, plus elle comporte de causes de révoltes et de désorganisation, plus la production y est anarchiquement faite et monstrueusement répartie, plus les surproductions spéculatives y deviennent meurtrières aux réels producteurs, moins il y a de véritable et nécessaire surproduction sociale ; enfin, plus chacun de ses membres est incertain de son lendemain, et moins il a de conditions de bonheur.

Que quand, pour une cause ou une autre, l'inégalité sociale s'est établie entre des hommes, tous en souffrent.

Qu'elle s'accentue, de plus en plus, tant que la cause dont elle résulte n'est pas détruite.

Qu'il y a toujours divisions, luttes et haines, entre les hommes sitôt qu'ils sont inégaux socialement.

Que plus leurs inégalités sociales sont fortes, plus leurs luttes sont nombreuses, diverses, contradictoires et terribles.

Que tous les groupements humains individualistes sont basés sur une prétendue liberté, qui n'est que de la licence pour quelques-uns et de l'esclavage pour le plus grand nombre ; que pour éviter cette licence d'un côté, et cet esclavage plus ou moins déguisé le l'autre, il faut que les possibilités de liberté soient égales pour tous ; et n'aient de limites que celles contractuelles et réciproques nécessaires pour garantir à chacun cette égalité de liberté possible.

Que plus un de ces groupements individualistes acquiert de richesses sociales :

Moins les productions utiles y sont le bénéfice de leurs créateurs; parce qu'elles deviennent de plus en plus la proie de parasites de toutes sortes, et d'intelligences employées en intermédiaires inutiles ou en producteurs de résultats indifférents, sinon nuisibles, au bien-être réel et au développement de tous et de chacun ;

Plus la répartition des avantages sociaux s'y fait a bitrairement et de façon iniquement, cyniquement, et considérablement inégale ;

Moins il demande à chacun de ses membres d'exercer une fonction de producteur utile; et plus, pour s'étayer, il a besoin de soldats, de magistrats, d'employés de police, d'administrateurs et de gouvernants hiérarchisés et domestiqués;

Moins il est un organisme sain, et plus il devient une monstruosité organique dont les cellules individuelles s'astrophient chaque jour davantage : Le plus petit nombre d'entre elles par la pléthore, et le plus grand par l'anémie;

Plus il devient un milieu social réfractaire aux aspirations altruistes, et incitateur aux manifestations ataviques; un milieu où les instincts carnassiers sont surexcités chez tous; un milieu devenu tellement délétère, qu'il y a urgence à le transformer pour que la gangrène individualiste ne l'amène pas à d'épouvantables destructions humaines.

Enfin l'expérience universelle indique que pour aucun homme ne doivent être limitées les possibilités d'acquérir pas ses travaux, mais sans nuire aux droits des autres, toutes les jouissances individuelles qui ne troublent pas l'égalité et l'harmonie sociales.

———

De toutes les constatations ci-dessus, il ressort :

Qu'une organisation harmonique est nécessaire ;

Qu'elle devra n'avoir aucune possibilité d'inégalité de conditions sociales entre ses membres ;

Qu'elle devra leur imposer à tous une réciprocité absolue, leur donner une liberté égale, débarrassée de toute entrave sociale autre que celle de cette réciprocité.

———

Mais, pour que dans une organisation, il n'y ait aucune possibilité d'inégalité des conditions sociales entre ses membres, il faut :

Qu'elle possède toutes les sources directes et indirectes des avantages sociaux ;

Qu'aucun de ses associés ne puisse jamais s'en approprier la moindre parcelle.

———

Pour qu'elle donne à chacun toute sa liberté possible, et toutes les possibilités de s'approprier, sur les résultats sociaux, tout ce qui est nécessaire à son existence et à son développement, il faut :

Qu'elle produise abondamment ;

Qu'elle soit organisée sur une coordination de stricte et égale réciprocité ;

Que toutes les fonctions y soient équivalentes ;

Que tous ses membres y soient fonctionnaires ;

Qu'elle ne demande à chacun d'eux qu'un minimum de concours.

————————

D'où la solution suivante que nous obtenons à la première partie de notre problème :

L'organisation sociale, dont notre devoir est de poursuivre la réalisation, devra être une association de solidaire, intégrale et mutuelle assurance ;

Elle devra développer harmoniquement et intégralement, puis utiliser, les aptitudes et les facultés de tous ses membres ;

Elle devra exiger de chacun d'eux, en lui donnant toute possibilité d'être libre dans ses choix de producteur et de consommateur, un minimum indispensable de réciproques, de fraternelles, d'égales ou équivalentes subordinations et activités sociales ;

Elle devra chercher et réaliser scientifiquement, pour tous, une abondante production physique et intellectuelle, répondant à toutes les aspirations et à tous les besoins naturels ;

Elle devra posséder la propriété collective, inaliénable, indivise, de toutes les sources directes et indirectes de tous les avantages sociaux : Forces et richesses naturelles ; acquisitions de toutes sortes faites par l'Humanité, alors qu'elles produisent des résultats exploitables ou consommables collectivement ; cela, afin de pouvoir assurer à chacun de ses membres — **par l'égalité et la Solidarité** — toute la somme possible de bien-être, de sécurité, de liberté, de savoir, d'émulation : De **développement.**

(Ma précédente étude indiquant la nature et les grandes lignes de cette organisation, je n'ai pas à y revenir ici.)

Par le procédé que nous avons employé, nous avons, maintenant, une réponse claire à la première partie de notre problème :

Nous savons où nous voulons aller ;

Nous connaissons le but que nous voulons atteindre.

Pour trouver les autres solutions qui nous sont nécessaires, continuons donc nos recherches, comme nous les avons commencées, par la méthode expérimentable, la seule logique, la seule fructueuse.

Par cette méthode, et pour ce que nous cherchons, l'étude rigoureuse des faits nous démontre :

« Que dans la Nature Rien ne sort de rien, ni ne s'anéantit ; tout s'y transforme par des acquisitions réelles et progressives éliminant, successivement, celles fictives et stationnaires ; pas une acquisition réelle n'est le résultat d'actions brusques et violentes, toutes proviennent d'efforts intelligents et prolongés. »

(Par suite, nous ne pouvons espérer la plus grande perfection possible de notre état social altruiste futur, qu'en poursuivant énergiquement sa réalisation par la transformation persistante, méthodique et coordonnée de tout ce qui existe dans notre état social égoïste actuel.)

« Que tous les maux qui accablent l'Humanité lui proviennent des moyens égoïstes, violents, fourbes, iniques, hypocrites, que ses membres ont employés et emploient encore les uns contre les autres. »

(Nous devons donc, pour profiter de ce que l'observation et l'expérience nous enseignent, faire notre révolution sociale par des moyens altruistes : Francs, équitables, clairs et fermes.)

« Que dans nos anarchiques sociétés actuelles, chacun de leurs membres est incité : A se mettre hypocritement en mesure avec les lois écrites ; à fouler au pied les commandements des lois naturelles ; à chercher ses avantages sociaux au détriment de ceux de tous les autres ; et qu'on n'y pourrait trouver une seule situation où, sans sacrifier ses intérêts sociaux, un citoyen puisse complètement être honnête vis-à-vis de la Justice-Éternelle. »

(Cette constatation nous commande : D'être indulgents entre nous, et révolutionnaires impitoyables envers les conventions et les institutions anti-naturelles qui nous régissent ; de prendre les mesures les plus rigoureuses contre les égoïstes inintelligents et orgueilleux qui s'en font les champions et les soutiens.)

« Que dans nos milieux sociaux de luttes et d'égoïsmes, n'importe quelle réforme ou quelle entreprise ne peut réussir si ceux qui la veulent : Ne voient et ne poursuivent pas le même but ; ne s'entendent pas sur le rôle de chacun d'eux, les difficultés à éviter, la méthode à employer, la sériation des mesures à prendre.

Donc, il faut que tous les travailleurs, et les hommes d'honneur, se rendent compte que leurs adversaires, plus ou moins masqués, cherchent toujours : A égarer leurs efforts sur des moyens inutiles ou inefficaces,

et à les stériliser en les faisant se dissiper sur de nombreux et contradictoires palliatifs. Que pour lutter
avantageusement contre les duplicités hypocrites,
lâches et cruelles, de ceux qui croient avoir intérêt à
conserver l'état individualiste, il leur est nécessaire
de trouver un premier programme de conciliations
et de propagande, sur lequel ils concentreront, socialement, toute leur activité, leur énergie et leur intelligence.)

« Que l'exploitation de l'homme par l'homme se
continue et s'aggrave, de jour en jour, sous la pro-
tection de légalités impitoyables aux faibles et aux
travailleurs, monstrueusement indulgentes aux puissants et aux exploiteurs; que les spoliations et les
violences — **moins que les hypocrisie et les
duplicités législatives** — sont les causes des
iniquités sociales et de leur perpétuation.

(Donc, les plus grands criminels dans nos milieux
sociaux ne sont pas les assassins, les voleurs, les capitalistes, qui, en dernière analyse, ne sont que les
produits logiques de nos anarchiques organisations
sociales; mais bien les ambitieux qui sollicitent nos
mandats, nous promettant de faire nos affaires, et
qui ne cherchent qu'à faire les leurs.

Tous les maux individuels humains (physiques,
intellectuels et sociaux) ont, surtout, pour causes
les luttes fratricides passées et présentes des hommes entre eux.

La seule mesure préventive et curative efficace
que les hommes puissent opposer à leurs maux qui
s'aggravent de plus en plus, c'est l'établissement de
la justice dans leurs rapports sociaux; mais, pour
qu'ils puissent arriver à établir cette nécessité socia-

7.

le, en partant du point où en sont leurs rapports sociaux aujourd'hui, il est absolument et premièrement
nécessaire que les spoliés et les gens d'honneur châ-
tient fermé leurs mandataires infidéles ; qu'ils traitent
en victimes ceux de leurs concitoyens qui ont été
trompés pour la première fois par ces dupeurs ; en
imbéciles ceux qui l'ont été d'eux ; en idiots, ou en
complices de ces misérables, tous ceux qui l'ont été
davantage.

Les coquins qui dupent leurs électeurs sont le
plus redoutable et le plus pernicieux excitant de la
mauvaise foi générale; ils sont les auteurs réels de
ce que les mauvaises conditions sociales se perpétuent et s'aggravent; que, par elles, un nombre de
plus en plus considérable de citoyens meurent avant
leur époque normale, c'est-à-dire sont assassinés
anonymement et légalement; que le sort du pays,
de la République, du suffrage universel, et le nôtre,
sont mis en péril.

La République, par le suffrage universel, est la
première étape d'un peuple vers son émancipation
sociale.

Dans tous les temps et dans tous les pays, aucune
République n'a succombé sous les attaques des mo-
narchistes; mais toutes ont été tuées par l'égoïsme,
les concussions et les attaques à la liberté individuelle d'une majorité de mandataires du peuple qui,
frauduleusement, se couvrent de l'étiquette de républicains : Un tyran, un dictateur n'est possible que
là où de nombreux tyrans, par l'anonymie de leurs
actes collectivement égoïstes, ont semé le mépris et
le dégoût autour d'eux.

Mais comment les mandataires ont-ils pu, jusqu'à présent, tromper leurs mandants et échapper à toute responsabilité?

Comment les mandants sont-ils continuellement dupés, ridiculisés, spoliés par ceux qui, en réalité, ne devraient être que les serviteurs de leur volonté?

Comment le suffrage universel leur a-t-il été, jusqu'à ce jour, une duperie; comment ce moyen qui devrait leur être utile, leur est-il préjudiciable?

Les réponses à ces questions nous donneront celles nécessaires à la deuxième partie de notre problème; en les cherchant, nous prendrons nos exemples en France; c'est partout à peu près pareil, et c'est là, encore, que se présente l'ensemble des conditions les plus favorables pour établir les premiers fondements de l'émancipation humaine .

Nos recherches nous ont appris :

Qu'un candidat loyal ne s'engage pas envers ses mandants à faire triompher leurs revendications, mais à faire naître toutes les occasions possibles de servir celles-ci sans crainte ni défaillance;

Qu'il n'a pas à s'abriter derrière les mandats des autres, mais à affirmer le sien quand même et toujours;

Que la probité lui commande de résilier ce mandat aux citoyens qui le lui ont donné, sitôt qu'il ne peut en tenir les engagements;

Que quand il escroque la confiance qui lui a été donnée, c'est un misérable qui mérite la mort;

Que les mandataires du peuple (conseillers, députés, sénateurs) lui ont toujours fait présenter et accepter des mandats contenant de nombreux articles résonnants, mais creux, souvent en contradiction les uns avec les autres, tous palliatifs et inefficaces.

Ces habiles dupeurs arrivent, ainsi, à ne tenir aucunes de leurs promesses ; à prolonger l'incertitude, l'inquiétude et l'ignorance générales.

Ils sont, plus ou moins, privilégiés du capitalisme et veulent y faire leur part de plus en plus grosse ; aussi, loin de chercher à faire disparaître les privilèges et les monopoles qui écrasent les faibles et les travailleurs, mais dont est fait le plus claire de leurs rentes, ils prolongent les anciens et en créent, sournoisement, de nouveaux.

Ils aliènent, de plus en plus, le sol national, ce qui est le plus criminel des actes ; car il spolie le plus grand nombre au bénéfice monstrueux de quelques-uns, et il est la cause d'un salariat dégradant, qui produit l'esclavage le plus terrible qu'ait encore enregistré l'humanité : Celui de la faim.

Les esclaves de n'importe quelle forme despotique du passé n'ont jamais, proportionnellement, été aussi nombreux que ceux du salariat ; n'ont jamais été, relativement, aussi à plaindre.

Les esclaves des temps passés n'ont jamais eu les conditions de leur existence aussi terriblement distantes de celles de leurs maîtres que les salariés ne les ont éloignées, de plus en plus, de celles des capitalistes : Les esclaves représentaient pour leur possesseurs une valeur que ceux-ci avaient intérêt à entretenir ; tandis que les salariés sont presque continuellement torturés par la misère et l'inquiétude pour leur pain du lendemain, parce que l'intérêt des capitalistes est de faire produire *le plus possible*, par le *moins grand nombre possible* de travailleurs, et en ne les payant que *le moins possible*.

La marche progressive des moyens de production fait, qu'en chaque branche de l'activité humaine, la quantité de salariés qui, pour manger, ont besoin de trouver du travail et qui n'en trouve pas, au moins suffisamment, devient de plus en plus formidable.

Cette quantité s'augmente chaque jour de petits laboureurs, de petits industriels, de petits commerçants, de petits rentiers, que le capitalisme, sous toutes ses formes, ruine de plus en plus : Ainsi, le machinisme, qui, dans l'avenir ,aidera au bonheur de l'Humanité, fait aujourd'hui ses tortures ; parce que les besoins qui, par l'évolution même des choses, deviennent chaque jour plus nombreux et plus tyranniques pour chacun, sont de moins en moins possibles à satisfaire pour un nombre d'hommes chaque jour plus considérable.

Alors ces hommes, dont la situation est d'autant plus terrible qu'ils sont entourés de plus d'abondance et de gaspillage, se prennent de haine, hélas ! moins contre la cause de l'état de choses dont ils souffrent, que contre les hommes qui en bénéfient.

Quelques-uns des mandataires dupeurs, avec une habileté de ruse indéniable, commencent pompeusement des discours à teintes un peu socialistes ; tout à coup ils s'arrêtent dans cette voix, qui est celle qu'ils avaient promis à leurs électeurs de parcourir, et leurs conclusions ne sont plus du tout en rapport avec leurs prémices.

Pourquoi?

C'est que si leurs appétits les incitent à chercher la popularité, leurs rentes et leur situation leur fait craindre d'être logiques et les faits dupeurs.

D'autres, dans des journaux à étiquette républicaine, écrivent de nombreux et pompeux articles sur tels et tels monopoles, avec cette facilité qu'on apprend au collège de dire blanc et noir sur le même sujet.

Les uns et les autres peuvent-ils commettre ces mauvaises actions sans qu'elles leur servent à de secrets et inavouables intérêts ?

D'autres, enfin, se contentent de voter pour des monopoles où ils n'ont pas d'intérêt pécuniaire, parce que leurs copains, qui en ont, leur revaudront cette complaisance.

Tous, en fait, s'occupent de leur moi et se moquent de leurs électeurs.

Si ces derniers se récrient et parlent de révolution, ces messieurs n'en ont cure, et les laissent crier : Ils savent qu'une révolution ne vient pas parce qu'on la prêche ; mais ils oublient qu'elle ne peut être reculée quand la mesure est comble.

S'ils avaient autant de cervelle que de ventre, ils devraient craindre, en se mettant à table, que les meurt-de-faim ne viennent les anéantir avant la fin de leur repas.

Tous ces dupeurs, ne voulant que satisfaire leurs appétits au détriment de l'intérêt public, exaltent ou critiquent ce qu'ils appellent le suffrage universel, en raison de ce qu'il leur rapporte ou de ce qu'il leur refuse.

Ils devraient n'en être que les serviteurs ; mais ils le traitent en maîtres et veulent le façonner au mieux de leurs intérêts privés, en cherchant :

A obscurcir les questions sur lesquelles il est appelé à se prononcer;

A en restreindre le droit et la portée;

A le faire fonctionner dans les seules conditions où son verdict peut leur être favorable ;

A allonger, au moyen de subterfuges, le temps de leur mandat, dont la durée, déjà beaucoup trop longue, n'a pas été voulue primitivement par les électeurs, mais leur a été imposée, après coup et frauduleusement, par leurs mandataires.

Quant à ceux qui n'ont rien à espérer de lui, et à ceux qui redoutent ses décisions au point de vue de leur égoïsme étroit, ils l'accusent de toutes sortes de méfaits dont, en lui-même, il est bien innocent.

Quand les travailleurs voient ainsi menacé le moins mauvais moyen dont ils peuvent espérer leur affranchissement, ils doivent, pour leurs enfants, leurs camarades et eux-mêmes, faire tous leurs efforts pour le sauvegarder ; et aller **même** jusqu'à la révolte sans crainte ni merci : **Elle est alors leur droit et leur devoir,** car si le suffrage universel n'est qu'un des moyens pour l'émancipation sociale de tous, il est indispensable.

Ce moyen deviendra de plus en plus nécessaire, complet, permanent, puissant, pour établir et garder l'harmonie humaine universelle.

Dans le cas où le suffrage universel est menacé, comme dans tous ceux où leurs droits primordiaux sont attaqués par de leurs concitoyens égoïstes et cruels ou par des agressions venant d'au delà des frontières de leur patrie, il faut que tous les travail-

leurs et les hommes de cœur soient bien pénétrés
de cette vérité affirmée par l'expérience des siècles :
Que leur avantage, la justice et le bien de l'Humanité leur commandent de frapper aussi haut qu'ils le
peuvent.

Parce que supprimer les principaux fauteurs de
mesures iniques qui contraignent leurs concitoyens
à la guerre civile, le souverain ou le ministre auteur
d'une guerre d'agression, est un acte méritoire; et
que la vie sacrifiée d'un de ces coquins en épargne
un nombre considérable d'autres honnêtes et utiles.

Que la Justice-Éternelle veut que la vie d'un homme
vaille celle d'un autre homme; et c'est faire acte de
cette justice que d'anéantir un misérable dont les
agissements sont les causes de la boucherie d'un
grand nombre d'êtres humains.

Cette justice ne donne à personne — individu ou
collectivité — le droit de punir un être malfaisant,
ni de s'en venger; mais elle fait un devoir à tous,
par Solidarité, de le mettre dans l'impossibilité de
nuire; en prenant à son égard tous les moyens efficaces, même celui de sa destruction, s'il est nécessaire.

Maintenant, revenons aux divers mandats actuels,
et remarquons que si tous, sans exception, pouvaient
être votés et appliqués :

Aucun travailleur n'aurait son lendemain plus
certain, et sa bouchée de pain plus forte;

Personne n'aurait sa sécurité mieux assurée.

C'est bien ce que savent ceux qui légifèrent, non
pour, mais contre nous; aussi veulent-ils, par tous
les moyens, éloigner le plus possible le mauvais

moment pour eux, où leurs dupes s'en apercevront.

Alors, ils nous cherchent des trompe-l'œil, des fausses pistes, ils nous crient :

« Le cléricalisme, voilà l'ennemi ; et ils rêvent de « nous faire accepter un clergé national ;

« La dictature, voilà le danger ; et ils nous impo- « sent la leur qui est anonyme, laquelle ne reculerait « pas devant le plus effroyable massacre des socia- « listes ; si ces derniers leur en donnaient l'occasion ;

« Pour garantir la République, il nous faut, di- « sent-ils, établir des lois :

« De protections pour nos actes de législateurs et « de répressions contre la licence de ceux qui nous « déconsidèrent publiquement ;

« De renouvelléments partiels des assemblées qui dépendent du suffrage universel, et dont nous som- « mes membres ;

« De stabilité sociale, en supprimant les élections « accidentelles, etc., etc. »

Hélas, les histrions qui parlent ainsi ne se préoc- cupent que de leurs misérables intérêts : Ils cherchent à tromper l'opinion publique ; à mutiler sournoise- ment notre embryon de suffrage universel ; et, sous prétexte de défendre la République, ils mettent, sciemment, son existence et les nôtres en péril.

Laissons de côté, pour l'instant, toutes les dupli- cités des dupeurs législatifs et voyons comment nous en prémunir pour l'avenir.

Mais, avant, occupons-nous de la conduite que nous devons tenir, alors que de leurs palinodies, il sort telle ou telle situation qui, leur créant des rivaux dans la curée des bénéfices, divise, déroute, affole l'opinion publique.

Nous, socialistes conscients et sincères qui cherchons sérieusement les moyens pour que tous trouvent leur place au banquet de la vie, nous devons, alors, plus que jamais, nous sentir les coudes et redoubler nos efforts de propagande.

Nous ne devons prendre parti ni pour, ni contre, les uns et les autres; mais, les laissant se disputer entre eux, démontrer le plus possible, qu'au fond, tous, ils ne cherchent qu'à satisfaire leurs appétits ambitieux aux frais des faibles et des travailleurs.

Nous devons, sur un programme simple, clair, concis, efficace, grouper tout ce que nous pouvons rallier d'adhérents aux idées socialistes; et nous apprêter à profiter de toutes les fautes des individualistes, pour apporter, au moment décisif, le poids de nos efforts et de notre courage au bénéfice de la Révolution sociale que nous poursuivons.

Tout ce que nous savons de la vie des sociétés humaines — jusqu'à présent — nous apprend que, dans n'importe laquelle d'elles, quand ceux qui vivaient de l'exploitation du plus grand nombre se sont, violemment, disputés entre eux les bénéfices de cette exploitation, si les exploités ont fait le jeu des uns ou des autres, ils en ont toujours été les victimes; qu'au contraire, s'ils se sont recueillis pour imposer leurs revendications à leurs tyrans, alors que ceux-ci se sont affaiblis et démasqués les uns par les autres, ils n'ont jamais manqué de se débarrasser, momentanément, d'une partie de leurs chaînes.

Si, jusqu'à ce jour, il n'y a eu que des exploiteurs et des exploités, c'est que ces derniers n'ont pas su et voulu s'entendre pour détruire la cause primordiale de l'exploitation dont ils sont les esclaves; aussi l'Humanité dans tout son long martyrologe, dont elle est l'auteur et l'acteur; où elle est bourreau et victime, ne nous a montré que des oscillations entre un peu plus et un peu moins de despotisme et de servilité : A ses conquêtes d'apparences de liberté et de justice a toujours succédé un despotisme civil, anonyme et odieux, suivi d'une dictature soldatesque, violente et religieuse.

Le peuple a brisé ses tyrans la veille; mais il a faim;

Il est dépossédé de la richesse naturelle d'où sortent toutes les choses qui lui sont nécessaires; il manque de tout, on lui promet l'abondance; il s'abandonne, il abandonne ses droits; le tour est joué; son exploitation passée se continue sur une nouvelle étiquette : Il n'est plus esclave, il est serf; il n'est plus serf, il est salarié. En fait, sa situation s'aggrave toujours.

De tout ce qui est ci-dessus, il ressort, pour nous, la connaissance du devoir et de la nécessité que nous avons de mettre tous nos efforts à protéger, élargir, éclairer le suffrage dit universel; à nous en bien servir, en faisant nous-mêmes, entre nous, un programme général de revendications socialistes : Simples, claires, concises, efficaces, comprenant des précautions sérieuses, et une sanction inéludable.

Dans toutes nos sociétés individualistes et pourries

d'aujourd'hui, tout mandat qui n'a pas de sanction est lettre morte.

Notre tâche est donc, maintenant, d'établir ce programme avec tous les éléments que nous avons rassemblés, et qui nous donnent la connaissance :

Du but que nous avons à atteindre ;

De la situation où nous sommes ;

De la première étape que nous avons à parcourir ;

Des duperies dont nous avons à nous garantir.

Ce programme devra pouvoir être accepté de tous les sincères républicains, qui ne peuvent être que de vrais socialistes.

Il devra être tel qu'il puisse leur servir de drapeau, et leur permettre de se séparer, en les démasquant, de tous les exploiteurs et aspirants exploiteurs qui se masquent et abritent leur mauvaise foi sous les étiquettes de républicains, de socialistes, de révolutionnaires, d'anarchistes, de collectivistes, etc.

Ce programme devra être un point de repère sur lequel tous les travailleurs puissent s'entendrent.

(Les travailleurs ne doivent accepter un programme qu'après l'avoir discuté et contrôlé entre eux ; alors, l'ayant fait leur, afin de le propager et de le faire aboutir, ils doivent se concerter en toutes occasions et prendre, de préférence, comme mandataires, des camarades ayant la conscience haute et ferme, du bon sens et un profond sentiment de justice.)

Enfin travailleurs, n'oubliez jamais que vos ennemis les plus terribles sont les égoïstes qui mettent la ruse et l'hypocrisie de leurs appétits à voler les étiquettes des opinions les plus avancées, et par elles vous escamotent des mandats dont il font lettres mortes.

Leurs duplicités étant la cause impitoyable de vos souf-frances, vous devez être sans pitié pour eux : Rien ne les obligeait à prendre, et ne les oblige à garder votre mandat s'ils ne peuvent le remplir avec toute leur conscience et toute leur énergie.

Mais il faut vous rappeler aussi : Que si chaque mandataire social est justiciable de tous les citoyens, il ne l'est que de ses infidélités au programme qu'il a signé et sur lequel il a été élu ; que, pendant et à propos de son mandat, personne n'a le droit de lui demander autre chose que d'être fidèle à ses promesses écrites.

Donc, travailleurs, si vous ne voulez plus être dupes de mandats illusoires, ni complices de dupeurs ; si vous voulez avoir des mandataires responsables envers vous, il faut que vous vous entendiez ensemble pour leur donner un programme clair, sérieux, efficace : Jugez si celui qui suit a ces qualités.

Le programme ci-contre est, essentiellement, un programme d'union socialiste; il sert non des ambitieux, mais les intérêts du travail et des travailleurs; il contient tout ce qui est essentiel et efficace dans les divers programmes contemporains portant une étiquette socialiste, et il rejette tout ce qu'ils comportent de décevant et de stérile; comme premier moyen de transformation sociale, il ne peut donc être repoussé au moment actuel que par des individus à tempéraments d'exploiteurs, quelle que soit l'étiquette dont ils marquent leurs appétits : Conservatrice, Républicaine, Socialiste, Révolutionnaire, Anarchiste, Collectiviste, etc., etc.

Pour la fédération des Travailleurs collectivistes,

Un des Secrétaires généraux,
LUDOVIC ALEX.

EXPOSÉ DE PRINCIPES

ET

PROGRAMME

COLLECTIVISTE-INTÉGRAL-RÉVOLUTIONNAIRE

Ce programme, imposé par les électeurs aux candidats à n'importe quel mandat, n'indique qu'un premier pas à faire dans une route d'évolutions efficaces, rapides et ininterrompues. Il ne peut être regardé par les socialistes sincères que comme un dernier effort pacifique possible ; comme un moyen de conciliation, de ralliement et de propagande entre tous les hommes de bonne volonté pour arriver à la Révolution sociale nécessaire.

Tout mandataire collectiviste, s'engage :

1° A s'opposer énergiquement à ce qu'il soit aliéné la plus petite partie du sol de la patrie, en faisant ressortir que c'est le plus grand crime social ; parce que la possession du sol national par des intérêts individuels est la principale cause de l'insécurité de la défense nationale, ainsi que des luttes, des inquiétudes et des maux dont tous les citoyens souffrent.

2° A combattre la création ou à la prolongation de n'importe quel monopole, quel privilège, ou quelle loi d'exception ; parce que les monopoles et les privilèges sont toujours payés par les travailleurs, et que les lois d'exception ne sont que des expédients de politiqueurs aux abois, qu'elles ne profitent jamais à l'équité, aux faibles, aux travailleurs, à la sécurité de tous, à l'intérêt général.

3° A démasquer toute tentative attaquant ou pouvant restreindre l'embryon de suffrage universel que nous possédons; à en poursuivre la transformation en suffrage universel, réel et complet, où la femme, dont les fonctions sociales sont équivalentes à celles de l'homme, sera électeur et éligible à tous les mandats, et où les mandataires s'occupant de l'intérêt de tous, comme c'est leur devoir, il restera de moins en moins de mécontents et d'exclus des listes électorales.

Un mandataire qui commet un des crimes sociaux ci-dessus ou qui s'y associe par ses votes, ses abstentions ou son silence, est un fou ou un coquin dupant ses électeurs et faisant trafic de son mandat pour des pots-de-vin plus ou moins dissimulés : Il est plus souvent coquin que fou.

4° A réclamer en toutes circonstances que toutes les fonctions nationales : Délégué à l'Exécutif, Ministres, Juges, Préfets, Maires, etc., soient soumises à l'élection dans les conditions qui leur sont spéciales; ces conditions, tant pour l'électeur que pour l'éligible, étant déterminées par la loi sur le suffrage universel.

5° A proposer la suppression : Des impôts indirects, fonds secrets, cumuls, sinécures, compensations politiques, allocations et gratifications en plus des appointements, subventions et garanties d'intérêts, budgets de cultes; du Sénat, de la présidence de la République, de la peine de mort.

6° A exiger que l'exécution stricte du cahier des charges de toutes les entreprises monopolisantes, et que leurs exploitants, à chaque infraction qu'ils font à leurs engagements, paient des dommages et intérêts sérieux au profit de la nation, des départements, de la commune : Les capitalistes qui se font adjuger un monopole par les pouvoirs publics, veulent, par lui, opérer des bénéfices qui sont toujours pris sur l'ensemble du travail national; ces spéculateurs ne doivent en aucun cas échapper aux obligations qu'ils ont contractées.

Il arrive très souvent que les gouvernants se font les complices de spéculations individualistes, en accordant à celles-ci des garanties d'intérêts, qu'en fait les travailleurs paient seuls; parce que ces garanties sont prises sur les budgets nationaux, qui ne sont alimentés que par une partie des réductions prélevées par des intermédiaires

inutiles sur les salaires de tous ceux qui travaillent utilement.

7º A présenter ou à appuyer des projets de loi sur les
sujets suivants : Reconstitution du domaine national collectif ; principes et fonctionnement général des services
publics ; services publics, de la solidarité sociale, de l'enseignement général, de la défense nationale ; héritage ;
associations ; suffrage universel. Chaque projet établissant les différents détails qu'il comporte et qui ne sont
qu'indiqués dans ce programme.

Reconstitution du Domaine National collectif.

Interdiction aux Communes, aux Départements, à l'E-
tat, d'aliéner, même en location, si courte soit-elle, quoi
que ce soit de ce qu'ils possèdent ; car, mettre en vente
ou en location pour spéculations individualistes ce qui
appartient à la collectivité, sous prétexte d'utilité publique, c'est voler les travailleurs au bénéfice de capitalistes.

Est excepté de cette interdiction tout ce qui appartient
au service public de l'habitation ; dans ce service, toutes
les locations sont faites sans bail, et seulement à titre
d'habitations personnelles et familiales.

Obligation pour les Communes, les Départements et
l'Etat : De créer toutes les facilités pour qu'elles puissent
reprendre, au mieux de l'intérêt collectif, toutes les exploitations individuelles s'appuyant sur le sol ou sur des monopoles et des privilèges : Chemins de fer, Canaux, Mines,
Banques, Assurances, Propriétés particulières, etc., etc.
Une de ces facilités pourra être de garantir aux cession-
naires individuels une rente viagère, stipulée réversible en
partie au décès des bénéficiaires sur leur conjoint, leurs
enfants, petits-enfants, père et mère, ou frères et sœurs ;

D'établir sans perdre de temps tous les services publics,
utiles à la collectivité, en commençant par ceux qui répondant aux besoins les plus généraux, les plus actuels et les
plus urgents. Un des plus faciles et des plus urgents à
établir est celui de l'habitation ; par ses résultats hygiéniques, économiques et sociaux, il sera un immense avantage pour la santé, le bien-être et les commodités du plus

grand nombre; il rapprochera les citoyens les uns des autres; il permettra aux travailleurs d'échapper aux exigences des propriétaires individuels, leurs tyrans les plus impitoyables; enfin, il donnera des ressources qui aideront efficacement à supprimer les impôts les plus iniques, tels que ceux indirects qui attaquent hypocritement les travailleurs;

D'entreprendre et de gérer, de plus en plus, tout ce qui, sur leur territoire, peut devenir propriété collective, et tout ce qui s'y peut faire collectivement;

De transformer aussi rapidement que possible en services publics aux principes collectifs et égalitaires tous leurs monopoles actuels : Salubrité, assistance, instruction, armée, ponts et chaussées, postes et télégraphes, etc., etc.

Création par l'État, au bénéfice de la nation, d'un impôt du 10ᵐᵉ de la valeur :

1° De chaque coupon de titres quelconques au porteur. Les compagnies françaises : financières, industrielles, commerciales, et autres, responsables envers le trésor public de cet impôt sur toutes les sommes au porteur payées par elles sur tout le territoire national;

2° Du total de toute adjudication dans laquelle des particuliers auront profité de la possibilité momentanée laissée aux nationaux de pouvoir se rendre acquéreurs du sol national et des exploitations dont il est le support.

La nation héritière des individus; en tenant compte des mesures transitoires indiquées plus loin au projet de loi sur l'héritage.

Les impôts sur le revenu et sur le capital ne sont que des palliatifs absolument inefficaces pour la solution de la question sociale.

Fonctionnement général des Services publics.

Égalité des rétributions et équivalence des fonctions, but à atteindre aussi rapidement que possible.

A cet effet, dans les services publics, les rétributions actuelles devront progressivement être : Les plus fortes diminuées, les plus faibles augmentées. Un maximum et un minimum doivent être toujours et transitoirement établis; le minimum actuel ne pouvant être moindre de 150 francs par mois dans les villes ayant 10.000 habitants.

Les nationaux, seuls, peuvent être employés dans les services publics. Cette mesure n'est pas un acte d'hostilité envers les travailleurs des autres pays, c'est une nécessité pour activer partout et le plus possible la transformation sociale nécessaire.

Toutes les fonctions nationales rétribuées, et n'importe quel fonctionnaire ne pouvant plus échapper à la responsabilité de ses actes : Délégué à l'Exécutif, Garçon de bureau, Ministres, Cantonniers, Généraux, Soldats, Députés, Juges, Maires, etc., sont fonctionnaires-serviteurs de la collectivité; la collectivité a le devoir de rétribuer tous ses serviteurs, de les surveiller sans méfiance préconçue, et de les rendre responsables vis-à-vis de chacun de ses membres.

Transformation rapide en service public de concentration générale du gouvernement actuel. Ce service ne se composera, de plus en plus, que de mandataires élus par tous, pour de courtes périodes et des cas bien déterminés.

Pendant ces périodes et pour ces différents cas, sans aucun avantage particulier pour ses membres, ce service représentera l'association de tous les citoyens, quels que soient les travaux que chacun d'eux exercera et aura librement choisis pour l'utilité, l'agrément et le développement de tous.

La durée maximum actuelle du travail dans n'importe quel service public ne pourra être de plus de huit heures par jour, et de six jours par semaine.

Dans les travaux insalubres et dans ceux qui sont dangereux, la journée de travail devra être d'une durée moindre que celle des journées employées aux travaux ordinaires.

Tous les efforts individuels et collectifs, ainsi que tous les actes législatifs restrictifs de l'exploitation de l'homme sur l'homme, alors qu'ils n'attaquent pas la base individualiste et ne tendent pas à lui substituer la base collectiviste, en même temps qu'à établir une entente et une solidarité sociales de plus en plus complètes et générales, peuvent paraître utiles à l'intérêt des travailleurs, mais en fait ils se retournent toujours contre eux. Ces efforts et ces actes ne sont que des palliatifs et des mirages trompeurs dont on abuse les travailleurs pour en obtenir la confiance; ces efforts ne peuvent servir qu'à prolonger la monstrueuse anarchie individualiste dont les victimes les plus fortement frappées sont les salariés.

Un exemple pris entre tous : Les limitations d'heures de travail dans les services publics sont faciles, efficaces et avantageuses; ces mêmes limitations chez les particuliers sont impossibles et tyranniques à faire exécuter, surtout pour les salariés qui ont besoin de pain pour eux et pour leur famille; de plus, comme tous les moyens analogues, ils ne peuvent servir à grouper les efforts de la majorité des travailleurs, et ils détournent l'attention de ceux d'entre eux qui se laissent prendre à ces palliatifs, des moyens efficaces qu'ils peuvent employer pour changer leur triste situation sociale; enfin ils auraient l'inconvénient d'être un prétexte à l'augmentation des choses les plus nécessaires à l'existence des plus malheureux.

Service public de la Solidarité sociale.

Service de mutuelles garanties contre tous les maux naturels et sociaux : Vieillesse, maladies, infirmités, accidents, misère, chômage, criminalité, etc.

Ce service substitué à l'assistance publique actuelle, a pour but l'étude et l'application de tous les moyens préventifs, curatifs, réparateurs et transformateurs applicables à toutes les souffrances individuelles, et à tout ce qui est ou peut devenir un danger social.

Le devoir, l'intérêt et la force de toute société est de prémunir et de protéger également chacun de ses membres contre toutes les possibilités perturbatrices et contre toutes les éventualités fâcheuses.

Service public de l'Enseignement général.

L'instruction à tous ses degrés donnée gratuitement, ainsi que tous les moyens nécessaires pour que tous en profitent.

L'instruction publique à son premier degré comprend les éléments de toutes les sciences exactes; elle est obligatoire pour tous les enfants jusqu'à ce qu'ils aient conquis le brevet constatant qu'ils ont tout le savoir que ce degré comporte. A ses autres degrés, jusqu'à celui de l'enseignement des hautes études exclusivement, elle est donnée gratuitement aux seuls élèves qui, quel que soit leur âge, ont fait preuve du savoir nécessaire dans des concours et sur des programmes déterminés au nom de la collectivité.

L'instruction dans l'enseignement des hautes études est ouverte à tous, aux étrangers comme aux nationaux; cet enseignement, entre autres travaux, aura, sur l'individualisme et le collectivisme dans la nature et l'Humanité, aux chaires d'anthropologie, de biologie, de physiologie, de psychologie, de philosophie, d'études sur les civilisations comparées, des cours, des conférences, des recherches libres et contradictoires entre professeurs attachés ou non à l'enseignement officiel.

Tous les citoyens peuvent librement instruire et professer; mais seul l'État, au nom de la collectivité, établit et surveille les programmes et concours publics correspondants aux divers degrés de l'instruction sociale, à la suite desquels il confère les diplômes du savoir que chacun d'eux comporte.

La liberté des professeurs, officiels ou non, est absolue dans leur enseignement écrit et parlé, afin que toutes les opinions puissent être produites pour tous; cette liberté est protégée par des sanctions répressives contre n'importe qui y porterait atteinte.

Service public de la Défense nationale.

L'armée permanente transformée en service public de

8.

défense contre les attaques extérieures; les exigences de
ce service aussi simplifiées que possible et égales pour
tous; aucun citoyen utilisé dans ce service ne pouvant
être employé dans les luttes intérieures, pas plus dans
les luttes politiques que dans celles du travail contre le
capital.

La collectivité n'a pas le droit d'obliger un seul de ses
membres à lui obéir pour servir des intérêts individuels,
ou pour agir contre les droits de l'Humanité; et l'homme,
vraiment homme, sacrifiera plutôt sa vie que de combattre pour des intérêts opposés à ceux de la justice éternelle,
fussent-ils ceux de sa patrie.

Héritage.

La coutume de tester est abolie, et le privilège de l'héritage sera supprimé aussi rapidement que possible;
excepté pour tous les objets de consommation, d'utilité
et d'agréments personnels, qui ne sont ou ne représentent pas une partie nécessaire du capital collectif, lequel
capital se compose de toutes les sources de productions
qui peuvent contribuer à l'exercice et au développement
de la vie humaine.

Pour arriver progressivement, généreusement et définitivement à détruire l'antique, mais inique privilège pour
quelques-uns de se transmettre ce qui, par Justice-
Éternelle, devrait être le bien de tous; le bénéfice de
pouvoir hériter ne sera conservé que jusqu'au............,
avec les maximums possibles et pour les degrés de parenté suivants : 1° époux, 3.000.000 ; 2° enfants ou petits-
enfants, 1.000.000 ; 3° parents, grands-parents ou frères
et sœurs, 600.000 ; 4° neveux et nièces, ou petits neveux
et petites nièces, 300.000. Le premier degré existant
exclut ceux qui viennent après.

A partir de la date ci-dessus, le 4° degré de parenté
n'héritera plus; et le quantum des trois autres sera ré-
duit de moitié. Enfin le......, le bénéfice de l'héritage
sera entièrement et pour toujours supprimé; remplacé
qu'il sera alors par les garanties effectives pour tous de
la Solidarité sociale.

La nation sera héritière de toute personne qui n'aura pas les proches parents ci-dessus désignés, et de tout ce qui, dans une succession, dépassera le maximum accordé à chacun des bénéficiaires indiqués plus haut.

Toute parcelle, nue ou meublée, du sol national faisant partie d'une succession, sera mise en vente publique surveillée par la Commune, le Département ou l'Etat, lesquels auront à s'en porter adjudicataires au nom de de la collectivité. Si cette parcelle reste adjugée à des particuliers, ceux-ci auront à payer 1/10 en plus au profit de la nation.

Tant qu'une seule parcelle du sol national pourra être acquise dans les conditions ci-dessus, les nationaux seuls pourront s'en rendre acquéreur.

Pour éviter les fraudes contre les prescriptions relatives à l'héritage et à la reconstitution du domaine collectif, la possession de n'importe quelle parcelle appartenant par destination au capital collectif ne pourra plus pas er d'un ou de plusieurs individus à un ou à d'autres individus autrement que par une adjudication en vente publique surveillée suivant les cas, par la Commune, le Département ou l'Etat.

La mesure suivante sera prise à toute infraction à l'obligation ci-dessus : L'unité collective la plus directement intéressée, Commune, Département ou Etat, fera mettre d'office en adjudication publique la possession que vendeurs et acheteurs voulaient soustraire à cette obligation ; et sur le prix de cette adjudication, il sera prélevé un impôt de répression de 50 0/0 dont la moitié pour la nation et l'autre moitié au profit de l'unité collective qui aura poursuivi et surveillé la vente publique ordonnée par la loi.

Associations.

Reconnaissance pour tous les membres d'associations, quelles qu'elles soient, du droit à la liberté absolue de se réunir, de parler, d'écrire, de se coaliser ; interdiction à chacun d'eux, avec sanction répressive déterminée, d'actes collectifs ou individuels qui tendraient à empiéter sur la liberté et les droits de n'importe quel citoyen.

Interdiction à toutes les sociétés ou associations, quelle que soit leur nature, de monopoliser ou d'accaparer rien de ce qui est matière première et objets de première nécessité; de détenir aucune partie du sol national. Celles qui détiennent de ce sol au moyen de lois antérieures établissant une date fixe de son retour à la nation, aux départements ou aux communes, peuvent le conserver jusqu'à l'expiration de leur concession; obligation aux autres de le mettre en vente publique dans l'espace maximum de trois ans dans les mêmes conditions que celles indiquées au projet de loi sur l'héritage.

Suffrage universel.

Aucun mandat : Exécutif, législatif, municipal, judiciaire, corporatif, etc., etc., ne dépassera pas la durée d'une année, sans être renouvelé par une nouvelle élection.

Les mandats qui ont une durée prolongée sont imposés au peuple par la fraude et ne servent qu'à le duper. Les mandataires infidèles arrivant toujours, vers la fin de leur mandat, à donner un semblant de satisfaction à leurs mandants.

Aucun mandat ne peut être cumulé avec un autre quel qu'il soit, ni avec une fonction gouvernementale quelconque, ou avec un emploi, même gratuit, dans n'importe quelle société financière.

Tous les mandats s'obtiennent par la majorité des suffrages des citoyens et des citoyennes électeurs du milieu pour lesquels ces mandats existent.

Les qualités nécessaires pour être électeur et éligible à n'importe quel mandat, les obligations et les avantages attachés à ce mandat sont établis par des actes législatifs soumis au *referendum* du peuple. Ces actes, après le vote populaire approbatif, sont annexés à la loi sur le suffrage universel.

Chaque candidat, à n'importe quel mandat, envoie son

programme à l'administration centrale du département
où se fait l'élection; cette administration réunit obliga-
toirement en un seul document les programmes de tous
les candidats, et fait parvenir ce document, huit jours
au moins avant l'élection, à tous les citoyens qui ont le
droit d'y prendre part.

A chaque élection, le gouvernement, par les soins de
ses représentants administratifs, fait établir la statistique
de chacun des points contenus dans les programmes
des élus; cette statistique est insérée dans tous les journaux officiels des localités intéressées, et remise à chaque
mandataire dans la quinzaine précédant la première réunion du corps élu dont il est membre.

Les élus à n'importe quel mandat doivent, dans la
période de ce mandat, discuter et voter successivement
sur tous les points de l'ensemble de leurs programmes,
en commençant par celui qui a le plus de voix des électeurs.

Après chaque session, les décisions prises par les élus,
quel que soit leur mandat, sont soumises au *referendum*
de tous les électeurs.

Les assemblées élues ne peuvent voter aucun budget
si, à ce budget, ne sont annexés tous les documents pouvant efficacement servir à le contrôler. Ces documents
doivent indiquer pour chaque budget : La quantité et la
nature de chacune de ses recettes et de ses dépenses;
chaque catégorie de fonctionnaires qui y émargent; le
nombre de fonctionnaires qu'il y a dans chacune de ses
catégories; la rétribution de chaque fonction.

Jamais un mandataire fidèle ne doit consentir à payer
avec l'argent de ses mandants une dépense faite en dehors
de budgets régulièrement établis; à moins que cette dépense n'ait été imposée par un cas de force majeure bien
difficile à prévoir.

Toutes les séances des assemblées élues sont publiques;
le compte rendu complet de toutes ces séances avec les
votes de chaque mandataire sont reproduits dans les journaux officiels des localités auxquelles appartiennent chacune de ces assemblées : Tout acte de mandataire du
peuple doit être fait au grand jour; car, en quelque occasion que ce soit, toute action de sa part qui a besoin

du secret ne peut être complètement avouable et utile à la collectivité.

Édiction d'une sanction répressive infamante contre tout mandataire qui trahit son mandat; car ce mandataire commet le crime le plus nuisible à tous, et son exemple est le plus pernicieux des dangers sociaux.

Quelques socialistes sincères affirment, en toutes circonstances, que les travailleurs doivent se désintéresser du suffrage universel et que leur misère les poussera à une révolution sociale efficace. L'observation rigoureuse des hommes et des faits prouve l'inexactitude de ces opinions; elle prouve surabondamment : 1° que la misère n'a pu et ne pourra que démoraliser la presque totalité de ses victimes, les inviter à se rassembler pour des violences terribles, désastreuses pour elles et pour l'Humanité, sans les instruire des conditions indispensables pour l'émancipation sérieuse de leur lendemain, et sans les disposer à s'unir pour les conquérir et les défendre; 2° que la République, par le suffrage universel, est une première étape nécessaire aux travailleurs vers leur affranchissement social; que ce suffrage n'est qu'un des moyens qu'ils peuvent employer pour secouer le joug qui les étreint, mais que ce moyen est efficace et leur est indispensable; il leur procure les meilleures possibilités : a) de s'instruire de leurs droits sociaux et humains; b) de se réunir et de s'accorder pour conquérir des droits; c) de connaître les ruses de leurs exploiteurs actuels et de s'en garantir, ainsi que de celles des dupeurs qui aspirent à les exploiter demain.

Ainsi donc, les travailleurs qui ne votent pas désertent leur devoir et la cause de leurs camarades; ils gaspillent le meilleur moyen que possèdent les salariés de se grouper, de se compter, de se concerter, de conquérir leur affranchissement; ils abandonnent leur droit social le plus pratique et le plus efficace à leurs exploiteurs, et leur donnent des armes contre eux et contre leurs camarades.

Engagements spéciaux.

(à la localité où est posée la candidature, lesquels enga-
gements ne peuvent être opposés à aucun des points
du présent programme).

. . . .

. . . .

. . . .

———————

Le candidat, s'il est élu, s'engage :

1° A soutenir par ses votes et ses discours toutes les propositions qui concorderont avec les détails de ce présent
programme ; à combattre énergiquement toutes celles qui
leur seraient contraires ; à profiter de tous les moyens que
lui donnera son mandat pour les propager, les expliquer
et les défendre.

2° A n'accepter pendant la durée de son mandat et les
deux ans qui suivront le jour où il aura pris fin aucune
fonction gouvernementale ; aucune situation, même gra-
tuite, dans une société monopolisante quelconque.

3° A verser le cinquième de sa rétribution de mandataire
à son comité électoral, *lequel sera composé de tous les*
électeurs qui voudront en faire partie ; ce versement sera
fait pour affirmer le principe de l'équivalence des fonctions ; pour que le comité puisse continuellement propager son programme, *surveiller les votes et les actes de*
l'élu.

4° A donner sa démission le jour anniversaire de son
élection. Les périodes électorales souvent renouvelées sont
profitables à la propagande des principes socialistes, et à
la Révolution sociale nécessaire ; de plus, les électeurs
ayant toujours le droit de continuer leur confiance au
mandataire fidèle, ont le devoir de chasser et de punir
celui qui a été infidèle.

5° A subir toute sa vie l'affichage public de sa mauvaise foi, s'il manque aux engagements de ce présent programme; à reconnaître — en signant plusieurs fois sur papier timbré ce programme et les sanctions qu'il comporte, le tout devant être affiché partout où besoin sera, — que tous les citoyens auraient le droit de lui faire payer de sa vie sa criminelle félonie, si, pour échapper à la flétrissure publique votée contre lui par la moitié plus un de tous les membres de son comité électoral, il voulait profiter de l'hypocrisie frauduleuse d'actes législatifs qui mutilent le suffrage universel.

Signature :
Date :
Lieu :

En France, vingt-deux ans de duperies des élus du suffrage dit universel, ont pour résultat qu'un certain nombre d'électeurs dénient au suffrage universel toute puissance transformatrice et qu'ils affirment que la destruction haineuse et sans merci est indispensable pour la transformation sociale nécessaire.

Si l'embryon de suffrage universel qui existe actuellement ne pouvait être entièrement transformé par les parias de notre prétendue civilisation, et si, par l'entente de leurs volontés, ils ne pouvaient le faire devenir le suffrage universel intégral; si, quelques efforts que fassent ces parias, cet embryon continuait à être un instrument maintenant leur esclavage, en le marquant d'une dérisoire souveraineté; s'il devait toujours servir aux mandataires, pour duper leurs mandants, s'octroyer des durées de mandat de plus en plus longues, s'accorder toutes sortes de prérogatives, entre autres celle de ne point tenir compte de leurs engagements de candidats, et celle non moins monstrueuse de régenter la liberté des citoyens dans leur droit absolu de mandants vis-à-vis de leurs mandataires, il est certain que les prolétaires, qui sont les parias de notre état social actuel, et tous les gens de cœur, auraient le devoir de détruire, par n'importe quels moyens, l'anarchique société présente, dans laquelle, contre toute équité, les producteurs sont dépossédés au profit d'exploiteurs de toutes sortes.

Mais il est possible, facile même, relativement à tous les autres moyens, aux exploités et aux gens de cœur de s'entendre pour établir des mandats efficaces et punir terriblement, au nom de l'Humanité, leurs mandataires infidèles; à fin de conquérir rapidement le suffrage universel intégral, et, par lui, s'avancer sans relâche vers le but à atteindre : Un état social harmonique dans lequel il n'y aura plus de dupeurs et de dupés, d'exploiteurs et d'exploités, de spoliateurs et de spoliés.

—————————

Amis lecteurs, citoyens altruistes, qui êtes vraiment républicains-socialistes, maintenant qu'ensemble, en nous servant des éléments que nous ont fournis l'observation et l'expérience générales, interrogés sincèrement, nous avons élaboré un programme de premières revendications en vue d'une marche en avant de la révolution sociale de l'Humanité, marche en avant succédant aux piétinements sur place, aux oscillations ou aux mouvements circulaires qu'elle n'a cessé de pratiquer jusqu'à présent; n'oublions pas :

Que si superficiels que soient les résultats d'une modification dans les conditions sociales d'un peuple, ceux qui profitent de cette modification cherchent toutes les occasions d'affirmer, dans leurs paroles et leurs écrits : 1° que leurs sentiments sont tout d'union, de concorde, de fraternité, ce que démentent leurs actes; 2° qu'une grande révolution, la Révolution sociale, à été faite et bien faite.

Ces farceurs sinistres sont les privilégiés de la situation et ne veulent, ni entendre les cris, ni voir la désespérance de la multitude de déshérités qui, autour d'eux, agonisent lentement dans un paupérisme sans cesse grandissant.

Maintenant, terminons la tâche que nous nous sommes imposée en contrôlant ce programme avec les conditions que contient le problème de la **Question Sociale**, tel que les faits nous l'ont posé au commencement de cette petite étude.

Les revendications faites dans notre programme pour la solution du problème social sont-elles équitables ? Oui.

Elles ne réclament qu'une partie de ce qui doit être transformé pour le plus grand avantage de tous. Tout ce qui est à transformer, n'existe, tel qu'il est aujourd'hui, qu'avec des origines d'iniquités violentes, fourbes et hypocrites.

Ces iniquités, toujours usitées, deviennent de plus en plus dangereuses à ceux qui les commettent et impitoyables à ceux qui les subissent, par ces conséquences d'une loi naturelle : Toute cause produit, inévitablement, les effets qu'elle contient ; mauvaise, elle ne peut produire que de mauvais effets ; restant la même, ses effets s'accentuent toujours davantage.

Aussi nos revendications s'attaquent-elles aux causes mauvaises dont nous souffrons tous. Nous n'arriverons à traiter en ennemis et sans pitié ceux qui les exploitent et les soutiennent, que si leur égoïsme atavique les rend aveugles et sourds, **cérébralement**, à leurs véritables intérêts et à la voix de la justice.

Alors, malheur à eux ; car, de même que l'ingénieur fait sauter les masses granitiques qui sont des obstacles à l'aplanissement de la route nécessaire qu'il doit tracer, les républicains socialistes feront sauter les obstacles humains qui barrent la route à l'Humanité dans sa marche harmonique vers ses destinées.

Ces revendications équitables sont de plus indispensables pour que tous puissent arriver, évolutivement, à ce qui sera leur véritable avantage : Posséder toute la somme possible de bien-être, de sécurité, de liberté, de savoir, d'émulation : De **développement**; alors, qu'aujour-

d'hui, gouvernés et gouvernants, meurt-de-faim et mil-
liardaires, personne ne possède, véritablement, une
seule de ces nécessités sociales.

Avec l'université et la barbarie dorée, mais sans merci,
de la lutte des intérêts où est arrivée la prétendue civilisation actuelle, qui est assuré de son lendemain ? Quel
est le possesseur d'une situation sociale quelconque, si
bien établie soit-elle, qui est certain que lui, ses enfants
ou ses petits-enfants ne seront pas réduits à la plus atroce
misère ?

Donc, ont intérêt à la transformation radicale le plus
rapide possible de l'Etat social individualiste, non seulement ceux qui y sont spoliés et victimes, mais aussi ceux
qui en possèdent et accaparent tous les avantages.

Ces revendications sont-elles pratiques ? Oui.

Elles peuvent être imposées, légalement, par le plus
grand nombre, à la minorité, bestialement égoïste, qui
ruserait pour les empêcher d'aboutir.

Leur application améliorera, certainement et le plus
tôt possible, la situation mauvaise de ce plus grand nombre; sauvegardera l'existence de cette minorité qui serait
inévitablement broyée dans le premier mouvement de
fureur de ceux à qui elle rend son exploitation de plus en
plus épouvantable; enfin elles offrent à tous des avantages, et un terrain de **solide** entente.

Elles sont, dans l'état cérébral actuel de n'importe
quelle nation, les seules sur lesquelles peut se grouper
une minorité intelligente qui, rapidement, deviendra l'immense majorité.

Elles forment un ensemble, un premier tout dont toutes
les parties se complètent réciproquement, tandis que séparées les unes des autres, elles ne sont que des palliatifs
inefficaces et trompeurs.

Elles forment un tout, dont toutes les parties se soutiennent réciproquement.

Elles n'ont aucun des aléas de l'inconnu d'une situation dont tous les facteurs sont bouleversés.

Elles ne peuvent amener aucune désillusion d'application; par suite, elles ne permettront point, une fois de plus, un retour en arrière sur les positions conquises par elles.

Fin alement, et surtout, elles n'imposent de sacrifices à personne; aucun travailleur n'a à leur sacrifier sa bouchée de pain et celle de ses enfants, tandis que :

Les grèves et tous les moyens qui demandent aux travailleurs des sacrifices, si minimes soient-ils, sur leurs maigres possibilités de vivre, sont des procédés mauvais : Ils ne sont ni pratiques, ni efficaces, ni évolutionnaires, ni révolutionnaires.

Ils ont pour principaux inconvénients : De retarder l'entente nécessaire des exploités sur les efforts qu'ils doivent faire collectivement pour conquérir, promptement et sûrement, leur émancipation sociale et celle de leurs enfants; de semer entre les travailleurs des germes de suspicions, de luttes et de haines, dont bénéficie, en dernière analyse, l'exploitation capitaliste dans laquelle ils sont esclaves et martyrs; d'exiger des salariés plus de sacrifices immédiats qu'ils ne pourront obtenir de bénéfices futurs : Toute l'expérience acquise prouvant que les employeurs, s'ils ne sont pas, eux aussi, victimes de l'état social actuel, font payer à leurs salariés, rapidement et durement, les succès **très rares**, de leurs modiques revendications.

Les employeurs, dans les sociétés individualistes, ont pour auxiliaires contre leurs salariés non seulement le capital, la police, l'armée, la magistrature, les législateurs et les gouvernants, mais surtout la concurrence que la misère crée entre leurs outils humains; et la misère, cette terrible despote, force, hélas toujours, ceux qui n'ont d'autre capital que leur travail, leur intelligence, leur génie même, à se courber sous les exigences terribles de la faim.

Remarquons que dans une société individualiste, l'équité, la sécurité et l'accord entre ses membres sont impossibles : La concurrence des employeurs entre eux et les nécessités que crée l'anarchie sociale, les rendent sans pitié pour leurs concurrents et pour ceux qu'ils exploitent;

Remarquons aussi que si, aujourd'hui, les travailleurs détrui-
saient tous les patrons, tous les rentiers, tous les capitalistes, ils
n'auraient pas pour cela détruit la forme individualiste, et, entre
eux, ils arriveraient très promptement à ce que les plus égoïstes
et les plus rusés deviendraient de nouveaux patrons, de nouveaux
rentiers, de nouveaux capitalistes. La seule chose efficace que
les travailleurs doivent donc poursuivre, évolutionnairement
et révolutionnairement, c'est la transformation absolue de la
base de la société dont ils sont les spoliés.

Quelques socialistes sincères affirment, en toutes occasions,
que la misère des travailleurs poussera ces derniers à la révolution sociale efficace ; l'observation rigoureuse des hommes
et des faits prouve que cette opinion n'est pas exacte. La
misère, hélas, démoralise les quatre-vingt-dix-neuf centièmes
de ses victimes ; elle peut les inciter à se rassembler pour des
violences terribles, stériles pour l'Humanité et fâcheuses pour
elles ; mais cette misère ne les dispose en rien à s'unir pour
édifier les conditions nécessaires à l'émancipation sérieuse de
leur lendemain.

Sont-elles efficaces ? Oui.

Elles sont claires et précises.

Elles s'attaquent aux principaux détails qui soutiennent
la base de l'organisation actuelle, qu'il s'agit de remplacer par une autre qui lui sera absolument opposée.

Elles ne s'égarent ni en des points secondaires inefficaces, ni en des palliatifs trompeurs et mensongers.

Leur importance peut être facilement comprise de
tous.

Elles sont un drapeau sous lequel peuvent se rencon-
trer tous les hommes sincèrement républicains-socialistes.

Elles posent des principes dont l'accord avec la justice
naturelle est facilement contrôlable.

Elles sont des indications, une lumière nécessaire dans
les ténèbres où nous sommes aujourd'hui ; elle seraient

cette même lumière, demain, dans le bouleversement
d'une révolution sanglante et triomphante.

Elles mettent en demeure de les combattre, contra-
dictoirement, tous les partisans sincères de moyens différents.

Enfin, elles indiquent le commencement du chemin
le plus court et le plus sûr pour arriver à l'Etat social le
plus altruiste : Le Communisme ; et, toujours, le chemin
e plus court est le meilleur.

Sont-elles des moyens rapides ? Oui.

Elles vont droit au but qu'il faut atteindre, en tenant
compte de toutes les conditions que comporte la situation actuelle, tant pour les institutions qui la soutiennent,
que pour les hommes qui s'y meuvent.

Etablissent-elles la possibilité de l'organisation de
l'avenir, et l'impossibilité d'un retour en arrière ? Oui.

Parce qu'elles attaquent les forteresses de l'individualisme et du capitalisme dans leur base fondamentale ;
qu'en même temps elles indiquent clairement l'organisation à établir, et en jettent profondément les assises ;

Qu'elles font la lumière sur les agissements qui ont
fondé, et qui perpétuent les anarchies sociales contemporaines ;

Qu'elles crient, haut et ferme, que ce sont ces agissements qu'il faut combattre, avant tout parce qu'ils sont
les plus terribles crimes humains, et les causes de tous
les maux sociaux ;

Enfin, parce qu'elles mettent les mandants en situation
de remplacer par un mandat efficace, la confiance, plus
ou moins aveugle, qu'ils accordaient à des hommes qui
— alors même qu'ils n'auraient encore jamais failli à
leurs promesses, — peuvent, pour diverses causes, y
faillir demain ; et qui, dans tous les cas, n'étant liés par
aucun engagement précis et sérieux envers leurs man-

dants en sont réellement plutôt les maîtres que les mandataires.

Maintenant faisons la preuve que l'organisation que nous poursuivons est nécessaire.

Si cette organisation ne venait pas remplacer celles d'aujourd'hui, dans lesquelles les luttes, les ruses, les haines, les maux physiques et intellectuels de toutes sortes s'accusent chaque jour davantage, les hommes finiraient, avant peu, par se détruire eux-mêmes.

L'observation et l'expérience générales nous prouvent que pour qu'une espèce se perpétue et se perfectionne dans la nature, il faut qu'elle soit assez forte, par le nombre de ses membres et par leurs qualités, pour vaincre les difficultés des milieux où elle se meut.

L'espèce humaine ne peut que modifier légèrement ses différents milieux secondaires : Climatériques, géologiques et autres ; mais elle a toutes les possibilités pour faire, harmonique à ses véritables besoins, son principal milieu, son milieu social.

Si ce milieu qui est, à lui seul, bien plus important pour elle que pour tous les autres, elle le continue en anarchie, comme elle l'a formé, les maux du corps et de l'intelligence qui s'aggravent, de plus en plus, chez ses membres, fièvres, anémies, paralysies, névroses, folies, etc. ; les empoisonnements de toutes natures, qu'ils subissent continuellement par les denrées falsifiées et l'atmosphère viciée ; les crimes sociaux de toutes sortes dont ils sont les auteurs et les victimes ; les luttes individuelles, les guerres civiles et internationales, l'état de malaise, d'inquiétude, de surexcitation de chacun d'eux, qui lui fait, depuis son premier vagissement jusqu'à sa tombe, une vie d'angoisse, de tourments et de souffrances, etc., etc., **tout cela** amènerait pour l'Humanité des conditions semblables à celles qui ont fait disparaître de la surfaces du globe d'autres espèces animales antérieures, dont on ne retrouve que des traces paléontologiques.

C'est l'atavique égoïsme des hommes, la cause de toutes

9.

leurs luttes, de tous leurs maux physiques et intellectuels; la cause du lent, très lent développement de l'Humanité, de ses erreurs et de ses retours en arrière; de la disparition, au moins momentanée et souvent réitérée, de nombreuses utilités théoriques et pratiques qu'Elle avait acquises antérieurement et péniblement.

Les résultats des efforts faits individuellement par l'homme le mieux doué ne peuvent jamais suffire à satisfaire les nécessités de la vie; mais les résultats des efforts faits collectivement, alors même qu'ils sont produits et consommés anarchiquement, donnent toujours plus qu'il est nécessaire à la satisfaction des besoins qui ont donné naissance à ces efforts.

Ce sont les surproductions sociales ainsi acquises par des efforts collectifs indispensables à la vie de l'Humanité, qui lui ont permis d'augmenter ses possibilités de jouissance, et de vivre tant bien que mal jusqu'ici. Mais, hélas, d'un autre côté, les résultats de son individualisme lui ont créé de plus en plus des causes terribles et nombreuses de désorganisation. Aussi, aujourd'hui, est-elle arrivée à ce point d'antagonisme entre ses membres que les probabilités de sa destruction paraissent l'emporter sur les conditions nécessaires à sa continuation et à son développement terrestres; si donc, la Solidarité effective des hommes entre eux ne devient pas la règle de leurs milieux sociaux, la fin de l'espèce humaine est proche.

Donc, l'organisation dont nous poursuivons la réalisation, qui détruira les causes qui ont amené l'état social actuel et les maux qui en découlent, est nécessaire; plus *même*, elle est indispensable et urgente.

Est-ce au bien de chaque individu et à celui de toute la collectivité qu'elle est indispensable? Oui.

La preuve nous en a été donnée aussi complète et satisfaisante que possible par **tout** ce que nous avons trouvé dans les recherches que nous avons faites dans cette étude, et dans les deux précédentes sur le même sujet.

Est-elle la seule possible? Oui.

Car elle est la seule conforme aux indications de la nature : Nous avons vu dans toutes nos recherches, que cette conformité est prouvée, continuellement, par l'étude consciencieuse de tout ce qui nous entoure, et nous n'en avons trouvé aucune autre qui soit dans les mêmes conditions.

Est-elle conforme aux lois naturelles? Oui.

Car ses moyens d'action sont tout l'opposé de ceux violents, fourbes, iniques, hypocrites que l'Humanité a employés, socialement, jusqu'à ce jour ; et, par l'expérience, nous savons :

Que les lois de la nature sont les forces qui établissent les rapports immuables entre les causes et leurs effets ;

Que les moyens sont des causes artificielles régies par les lois naturelles ;

Que ces lois font que les moyens bons produisent, toujours, de bons effets ; qu'aucun moyen ne peut produire de bons résultats, s'il est mauvais.

Enfin est-elle évolutive? Oui.

Elle est une transition nécessaire entre l'état, monstrueusement mauvais, des organisations actuelles et celles, de plus en plus harmoniques, de l'avenir.

Amis, bornons-là, si vous le voulez bien, les travaux de cette petite étude ; si nous voulions seulement indiquer tout ce que comporte le sujet qu'elle traite, nous serions contraints de faire de gros volumes ; et nos camarades — pour qui la Société actuelle est si marâtre et pour qui nous écrivons — n'auraient pas la possibilité de nous lire ; donc concluons.

Conclusion de la troisième étude.

Tous les hommes, sans exception, ont intérêt à la transformation des sociétés actuelles.

Pour les faibles et les travailleurs, cette transformation est urgente, urgente !!!

Il faut, que, tous, nous y travaillions par des moyens équitables, pratiques, rapides, efficaces.

Il faut nous délier de tous les dupeurs :

De ceux qui veulent conserver la base des sociétés actuelles, nous promettant qu'ils les transformeront au moyen de palliatifs et de moyens inefficaces. Ils cherchent à nous masquer le but à atteindre et les moyens à employer.

De ceux qui nous disent : Votre misère est insoutenable ; vous n'avez d'autres moyens d'y mettre fin que la violence ; le lendemain du jour où vous serez vainqueurs, nous chercherons ensemble l'organisation où vous serez heureux et libres,

Amis, les uns et les autres nous trompent. Les uns, pour continuer notre exploitation dont ils profitent, se masquent frauduleusement de l'étiquette de républicains et de socialistes ; les autres, se disant révolutionnaires, veulent prendre la place des premiers quand nous en aurons fait justice.

Les premiers sont des arriérés, des coquins plus hypocrites, plus immondes et plus dangereux que les seconds : Ils sont les instigateurs des élucubrations et des violences de ces derniers.

Hélas, les uns et les autres ne cherchent qu'à se servir de nos efforts, de nos misères, de nos désespoirs, de notre sang pour satisfaire leurs appétits haineusement égoïstes et de vaniteuse bestialité ; la vanité et la haine sont toujours pernicieuses et ne produisent, jamais, jamais, rien d'utile à personne, tandis que la véritable bonté est : Energique pour combattre l'égoïsme, féconde pour servir l'équité et l'égalité pour tous.

Travailleurs, une des raisons pour laquelle vous êtes souvent dupés par des hommes qui sollicitent votre confiance, c'est que — prétextant que vous êtes simplistes, affirmant que vous êtes incapables de comprendre une idée complète et les liens qui la rattachent à tout un ensemble — ils vous présentent des idées fausses ou inexactes, qu'ils soutiennent en établissant une confusion préméditée entre les différents mots dont ils se servent dans leurs discours et dans leurs écrits.

Pour n'en citer qu'un seul dont ils abusent, et ne vous parlant, seulement, que de ses principales acceptions sociologiques :

Socialement, le mot révolution prend pour significations principales : 1o la succession de modifications sociales qui doivent amener une société d'une organisation donnée à une autre qui lui sera diamétralement opposée ; 2o un changement total de forme sociale, sans considérer par quel moyen ce changement s'opère; 3o un acte, ou une série d'actes de forces qui réussit à obtenir un changement de forme sociale, etc.

Eh bien, travailleurs, pour juger la sincérité des hommes qui sollicitent votre confiance en s'intitulant : Républicains, socialistes, collectivistes, révolutionnaires, anarchistes, exigez de ces hommes qu'ils vous définissent, clairement, comment ils ont droit au titre qu'ils se donnent; et faites bien attention si dans leur passé, leurs paroles, leurs écrits, leurs actes, ils sont toujours d'accord avec la définition qu'ils choisissent pour légitimer la qualité qu'ils s'attribuent.

Travailleurs, n'oubliez jamais : que vos plus mortels ennemis sont les faux républicains, les faux socialistes, les faux révolutionnaires; qu'une révolution violente ne vient pas parce qu'on la prêche, qu'elle ne peut être reculée parce qu'on prend des précautions hypocrites ou violentes contre elle.

Elle vient quand des nécessités intellectuelles et physiques la rendent urgente et inéluctable.

Pas une de celles du passé n'était prévue et voulue au moment où elle a éclaté; ni par ceux qui l'ont faite, ni

par ceux contre qui elle était faite. Seules, les insurrec-
tions stériles sont préparées à l'avance, mais aussi elles
échouent dans le sang de ceux qui y participent; tandis
que, le plus souvent, ceux qui y poussent les autres restent dans leur cave.

Travailleurs, avant que vous ne soyez définitivement
acculés à une révolution sanglante, ne vous laissez pas
tromper en ce qui concerne les responsabilités de vos
souffrances, sans quoi vous arriveriez à faire **inutilement** beaucoup de mal à l'Humanité ainsi qu'à vous-
mêmes ; soyez d'accord sur le minimum de ce que, immédiatement, vous voulez détruire et de ce que vous voulez
édifier; alors cette révolution s'accomplissant, et vous y
étant victorieux, le lendemain, vous ne vous battrez pas
les uns contre les autres, et vous ne vous laisserez plus
duper — **comme dans tous les cas analogues
du passé** — par des renards humains qui, lorsque vous
vous débattrez dans de graves difficultés intérieures et
extérieures, que vous serez aux prises avec des besoins
urgents et impitoyables, ne demanderont qu'à vous rendre
le service d'une dictature.

Dans ces moments difficiles, les dictateurs que vous
vous seriez donnés auraient, facilement, les moyens de
continuer, à leur profit, les errements du passé dont vous
espériez vous être débarrassés.

Donc, travailleurs des villes et des champs, du bureau
et de l'atelier, de l'usine et du magasin, des sciences, des
lettres et des arts, pour vous, pour vos enfants, pour
l'Humanité, entendez-vous, groupez-vous, réclamez tous
vos droits et faites tous vos devoirs sociaux.

Surtout travailleurs, n'oubliez pas que la révolution violente
n'est pas un but, mais le suprême moyen que prennent les
parias sociaux pour essayer de changer leur situation lorsque
les autres procédés ne leur ont donné que des déceptions.

Ce moyen que les spoliés sociaux ont continuellement
essayé dans tous les temps et dans tous les pays; par lequel
ils ont eu la victoire quelquefois, sans que, jusqu'à ce jour,
ils en aient profité longtemps ; que des socialistes sincères

préconisent comme le seul efficace, tandis que des pêcheurs
en eau trouble agissent de même; pour qu'il ne se retourne
plus contre les travailleurs et contre l'Humanité, il est nécessaire : Que les masses prolétariennes connaissent exactement,
et s'entendent sur tout ce qui doit être fait le lendemain de
leur victoire révolutionnaire, et par quelles séries de mesures;
sinon, leur divergence de vue, et les besoins urgents et inéluctables qui s'imposeraient à elles, les mettraient encore à la
merci de dupeurs sans vergogne. Alors leur exploitation
serait plus dure, pour eux, le lendemain de la révolution,
qu'elle ne l'était la veille.

Car dans une révolution, pendant les actes qui la précèdent,
et l'organisation indispensable qui doit la clore, si, d'un côté,
peuvent disparaître, avec leurs possesseurs, tous les capitaux
conventionnels représentant fictivement les richesses naturelles et leurs produits transformés par le travail sans que
cette disparition amène un arrêt à la marche progressive de
l'Humanité, ou produise une perturbation et des maux dont
puissent souffrir les travailleurs et leurs différentes productions; d'un autre côté, les efforts péniblement sanglants de
cette révolution ne sont que des duperies pour les exploités,
s'ils ne se sont d'abord accordés entre eux pour faire continuer pacifiquement les efforts de tous, en les associant et les
harmonisant au profit de la collectivité et de chacun de ses
membres; et si, sous prétexte d'une impossible liberté individuelle illimitée, quelques-uns peuvent ne pas apporter leur
part possible à la division du travail social organisé par tous
et pour tous; car alors les hypocrites et les plus rusés,
masquant leur égoïsme sous un prétexte quelconque, pertur-
beraient et stériliseraient à leur profit l'œuvre révolutionnaire
commune.

Eh bien, la meilleure possibilité éducative des masses prolétariennes est le suffrage universel; sans lui : Elles n'ont
aucune facilité de s'instruire de leurs droits et devoirs humains et sociaux; de se réunir et de s'accorder pour conquérir les uns et s'acquitter des autres; elles sont, toujours
et inéluctablement, à la merci des rusés de leurs exploi-

teurs actuels, et à celles de ceux qui aspirent à les exploiter
demain.

Donc les travailleurs qui ne votent pas désertent leur
devoir et la cause de leurs camarades; ils gaspillent le meilleur moyen que possèdent les salariés de se grouper, de se
compter, de se concerter, de s'organiser pour conquérir leur
émancipation, et la rendre inattaquable; ils abandonnent leur
droit social le plus pratique et le plus efficace ; enfin ils donnent
des armes contre eux et contre leurs camarades de misère aux
exploiteurs de toutes sortes.

L'Humanité, dans ses différents groupements sociaux, a
essayé toutes les formes possibles d'état social basé sur l'individualisme, depuis les plus anarchiquement libertaires
jusqu'à celles les plus méthodiquement autoritaires; toutes ces
formes ont comporté continuellement d'abominables souffrances individuelles, des dissensions intestines et une insécurité générale inéluctables qui ont toujours été les causes
réelles de la désorganisation définitive de tous ces groupements; donc, ces causes sont des conséquences inévitables de
la base sociale individualiste, et cette base est un principe
pernicieux pour tous.

Aussi, aujourd'hui, un homme qui n'est point ignorant, fou
ou dupeur, qui veut sincèrement toutes les conditions possibles et égales de bonheur pour tous sans exception : Bien-
être, sécurité, liberté, savoir, émulation, développement intégral, ne cherche la base de la société future que dans la réelle
égalité sociale, sans laquelle la prétendue liberté illimitée est
une ironie épouvantable pour le plus grand nombre, surtout
pour les meilleurs et les plus utiles, et de la licence féroce
pour les sans-scrupules.

L'individualisme dans l'espèce humaine est un caractère d'a-
tavisme.

Dans les sociétés en décrépitude, l'individu qui a fortement
ce caractère est un égoïste et un despote; il a plus de haine
que d'amour; il veut moins persuader que s'imposer; de
quelque étiquette qu'il se pare, il n'est, suivant l'intérêt de

ses appétits, qu'anarchiquement un destructeur féroce ou un conservateur carnassier.

Quelles que soient les déclarations humanitaires de cet individu, il n'aime pas l'Humanité ; il n'aime que lui, et il le prouve involontairement en se déclarant amant de la liberté, et en repoussant l'égalité réelle pour tous : Car cette égalité qui est de justice absolue, est nécessaire pour que tous puissent être libres.

Dans les formes d'état social basé sur l'individualisme, celle qui est encore préférable, c'est celle de la République ; parce que — pour persister — il faut : 1° qu'elle s'appuie sur le suffrage universel, honnêtement pratiqué ; 2° qu'elle demande de l'honnêteté à tous, surtout à ses fonctionnaires, et tout particulièrement à ses magistrats et à ses législateurs ; 3° qu'elle élabore et applique, continuellement et de plus en plus, des lois d'équité et d'égalité ; 4° qu'elle s'affirme comme un état de transition à parcourir, rapidement, vers un état de collective Solidarité.

Les plus dangereux, les plus coquins, les plus terribles ennemis de la République et de votre émancipation, travailleurs, ce sont vos ennemis hypocrites, les égoïstes suivants :

Les législateurs qui — s'étant appropriés frauduleusement l'étiquette de républicains pour masquer leurs appétits — n'ont pas rempli leur mandat ; et ont, ainsi, escroqué la confiance de leurs électeurs ;

Les détenteurs du pouvoir qui — se disant républicains — commettent des actes arbitraires, attentent à la liberté de leurs concitoyens, provoquent des lois d'exceptions et entraînent, par leurs forfaits, leurs concitoyens à la guerre civile ou à celles étrangères ;

Les aspirants législateurs et dictateurs qui — se déguisant en républicains, en socialistes, en révolutionnaires — essaient de tromper le peuple afin d'en obtenir des mandats ;

Les journalistes et les écrivains — soi-disant républicains — qui trompent le peuple, disant noir quand c'est blanc et blanc quand c'est noir dans les affaires d'intérêt général ;

Les magistrats et les juges qui — complaisants pour les

détenteurs du pouvoir, ayant deux poids et deux mesures dans l'exercice de leurs fonctions — font, par leurs actes, douter de la possibilité de la justice humaine;

Les financiers qui soldent des journalistes et des écrivains pour mentir à la vérité et la justice, c'est-à-dire à l'intérêt de tous, et qui monopolisent — légalement ou non — les instruments de production, les matières premières, et les objets de première nécessité.

Travailleurs, prenez note chaque jour des forfaits commis par les bandits qui sont catalogués ci-dessus — *surtout de tous ceux commis par les premiers désignés* — parce que sans leurs divers crimes sociaux, la raison d'être de tous les autres irait toujours en diminuant; et que, lorsque votre jour viendra, si vous avez dû conquérir la possibilité de votre émancipation par la force, la sécurité de cette émancipation, qui sera le point de départ de celle de l'Humanité tout entière, vous fera un devoir d'être, en même temps, juges et justiciers éclairés, équitables et fermes; alors, quelle que soit la rigueur du châtiment dont vous frapperez les coupables, **l'équitable histoire** et leurs enfants **même** proclameront que vous avez eu raison.

Enfin, travailleurs : pour arriver à vous entendre, cherchez d'abord ce qui vous rapproche, et soyez indulgents les uns envers les autres; n'oubliez pas que ce sont les puérils désaccords que vous avez entre vous qui font les possibilités de de votre exploitation et la sécurité de vos dupeurs.

Pour le mieux possible supprimer des intermédiaires parasites qui vivent de votre travail, et vous conquérir de l'indépendance économico-sociale; pour vous armer socialement contre les exploiteurs, et vous créer contre eux des armes efficaces; pour vous instruire des rouages sociaux, et précipiter la révolution sociale nécessaire; profitez le plus possible et aidez à fédéraliser les bénéfices que peuvent procurer à l'individu les moyens transitoires individualistes tels que : Syndicats; caisses de prévoyances, d'assurances, de retraite, de mutualité; associations de toutes sortes, surtout celles des productions et des consommations; etc; mais démontrez en toutes occasions que ces moyens ne sont que des palliatifs individuels absolument inefficaces au point de vue social.

Pour servir la transformation du gâchis individualiste actuel en organisations de plus en plus égalitaires et bonnes à tous, en toutes occasions, défendez oralement et verbalement ce principe : Que nul détail se rapportant à des besoins sociaux ne doit être édifié que pour un temps relativement court; parce que l'expérience prouve que toutes les œuvres sociales qui à un moment donné sont bien pour un usage collectif quelconque, deviennent de plus en plus insuffisantes à cet usage pour plusieurs causes, dont la principale est la difficulté de les pourvoir des meilleurs et des plus récents perfectionnements acquis, ce qui les prolonge dans la routine et l'individualisme au détriment de tous.

Tenez compte qu'un de vos intérêts primordiaux et permanents est que vous soyez toujours socialistes conscients et sincères; citoyens du monde et, internationalement, serviteurs résolus de l'émancipation humaine en même temps qu'adversaires énergiques de tout ce qui est cause d'antagonisme entre les hommes; l'idée étroite de patrie est une de ces causes et non la moindre; si donc travailleurs, votre pays est en hostilités avec d'autres, vous devez être de cœur et d'action avec ce qui est équitable, de quelque côté que soit l'équité : L'équité consiste à observer scrupuleusement le principe primordial de l'égalité naturelle, à aimer et respecter partout l'Humanité, à traiter tous les hommes toujours en frères.

Surtout ne vous ralliez point à des hommes, mais à des principes; n'ayez pas de chefs, mais des programmes efficaces et des mandataires réellement responsables; ne sacrifiez jamais la vérité, base de toute justice et de votre droit, à quelque intérêt et sous quel prétexte que ce soit.

Mon désir de contribuer à la recherche de la vérité, autant que me le permet mon insuffisance, me fait affirmer aujourd'hui, à nouveau, espérant que mon appel sera enfin entendu; non pour moi, mais pour la vérité que l'égoïsme universel étouffe le plus qu'il peut; me fait affirmer, dis-je, que je m'engage, toujours, à discuter, oralement et verbalement, le bien fondé des présents écrits, ainsi que les affirmations générales suivantes qui sont leur conclusion dernière.

Il est certain pour tous les penseurs impartiaux et sagaces :

Que le progrès ou développement avantageux des conditions physiques et intellectuelles de la vie humaine crée des besoins nouveaux, dont la pleine satisfaction devient de plus en plus nécessaire à tous ; que dans une société individualiste, les privilégiés seulement profitent de cette œuvre collective bonne et nécessaire, tandis que, par suite des modifications de milieux qu'elle opère, presque tous souffrent par manque des conditions qui sont devenues indispensables à l'exercice harmonique de la vie.

Que la Charité ne peut avoir de résultats préventifs ni curatifs au point de vue social.

Que la mesure absurde du partage des biens n'a jamais été proposée ou défendue par des socialistes ; qu'elle est une invention de calomnie et de haine imaginée et propagée par des exploiteurs affolés et retors contre les exploités et leurs revendications.

Que l'objectif, la terre aux paysans, la mine aux mineurs, l'outil aux travailleurs, n'est qu'un trompe-l'œil individualiste ;

Qu'il ne peut servir efficacement de moyen et de but à la transformation sociale nécessaire, parce qu'il ne peut aider à faire disparaître les causes de discordes entre les divers producteurs sociaux et à établir entre eux une base de concorde, d'égalité et de solidarité ;

Qu'il en est de même de tous les buts et moyens dont le résultat n'est pas clairement la destruction méthodique de l'état social individualiste, et son remplacement par une association libre et contractuelle d'égales réciprocités ;

Ces buts et ces moyens, préconisés par des hommes sincères, guidés plus par le sentiment que par un raisonnement logique, n'ont point été cherchés et trouvés par la méthode expérimentale afin de résoudre le problème sociologique, en tenant compte de toutes les données qu'il

comporte : Le but à atteindre pour le plus grand avantage
de la collectivité et de chacun des individus qui la composent ; la situation où nous sommes, tant pour les hommes
qui s'y meuvent que pour les institutions qui en sont la
base ; la première étape à parcourir, il ne serait pas
scientifique de vouloir définir les suivantes, leurs facteurs
ne pouvant être identiques à ceux de la situation actuelle ;
les duperies dont nous avons à garantir nos recherches
en vue d'établir un état social où toutes les relations humaines seront harmoniques et bonnes à tous.

Que la continuation de l'état individualiste aggrave,
chaque jour, pour l'Humanité un cataclysme imminent
et épouvantable ;

Qu'elle crée, chez la majorité des hommes, des haines
sanglantes qui seront sans merci ;

Qu'elle entraîne les peuples à une série de destructions
intérieures et extérieures de plus en plus rapprochées et
impitoyables, dans lesquelles seront englouties les meilleures acquisitions de l'Humanité, et, finalement, l'Humanité elle-même ;

Qu'elle génère de plus nombreuses et insurmontables
difficultés qu' on peut avoir l'évolution rapide et la
transformation absolue de l'état social actuel.

Que pendant cette évolution et dans cette transformation aucun individu ne sera amoindri dans ses réels
avantages personnels et sociaux ; qu'au contraire, il pourra
plus facilement les développer à son profit comme à
celui de tous, mais que pour le bien de chacun et de tous ;
les actes anti-sociaux de la haine, de la vanité et de l'é-
goïsme seront impitoyablement réprimés.

Que la nouvelle organisation dont traitent les trois
études de ce travail est urgente à conquérir pour l'Humanité ;

Qu'elle lui est indispensable pour pouvoir atteindre
d'autres milieux sociaux de plus en plus communistes et
libertaires : L'atavique amour du moi, cause de toutes les
exploitations, des haines et des maux qu'elles engendrent,
ne pouvant être transformé que progressivement et par
des actes répétés du vouloir humain ;

Que c'est seulement dans et par les influences de

milieux sociaux de plus en plus altruistes que la plupart des hommes se débarrasseront progressivement des appétits, des entraves et des perturbations de leur égoïsme ancestral, en même temps qu'ils auront excitations et possibilités pour s'unir de mieux en mieux par affinités sociales, et que la justice, la Solidarité, la bonté, leur deviendront de plus en plus des habitudes et des facilités;

Que si les hommes d'aujourd'hui, sans être modifiés dans et par les influences évolutives de ces milieux, voulaient à la suite d'actes victorieux de révolte, vivre dans un état social où chacun agirait à sa fantaisie et où nulle organisation contractuelle n'établirait pour tous, également, des limites aux possibilités abusives de leurs actes sociaux, il y a dix-neuf probabilités sur vingt que ces hommes, malgré leurs protestations humanitaires, détruiraient par leur manque d'accord les avantages de cet état pour lequel ils ne sont pas préparés, et qu'ils reformeraient celui d'exploiteurs et d'exploités dans lequel l'Humanité se débat depuis qu'elle se l'est créé.

Que l'égoïsme ou préoccupation dominante de se satisfaire crée des intérêts particuliers opposés à l'intérêt général; qu'il n'est pas un mobile inhérent à la nature humaine; qu'il est acquis; qu'en changeant les milieux sociaux, il disparaîtra, même pour les individus arriérés qui se le développent héréditairement; que les intérêts particuliers qui en découlent n'engendrent que des luttes, des maux et des haines préjudiciables à tous; que, jamais, ces intérêts n'ont été sources d'émulations utiles à l'Humanité.

Enfin, que pour le bien de chacun et de tous, l'expérience humaine prouve surabondamment : que la plus haute obligation, le plus excellent idéal de conduite, le meilleur moyen de développement, la plus parfaite condition de bonheur et de liberté pour l'homme, ce lui est : d'aimer autrui plus que lui-même; de vouloir énergi-

quèment pour tous ce qu'il veut pour soi ; et de ne point trouver bon pour d'autres, ce qu'il ne voudrait pas pour lui.

(Extrait de la 3ᵉ étude de théorie et pratique du *Collectiviste-Intégral-Révolutionnaire*. — Cette partie de la troisième étude qui commence à la page '30 se vend séparément au prix de 0 fr. 25.)

Pour la Fédération des Travailleurs collectivistes,

Un des Secrétaires généraux,
LUDOVIC ALEX.

TABLE ALPHABÉTIQUE

Des sujets plus particulièrement définis **Philosophiquement**
au point de vue COLLECTIVISTE-INTÉGRALE-RÉVOLUTIONNAIRE
à la 26ᵉ *proposition de la* 1ʳᵉ *étude de cet ouvrage.*

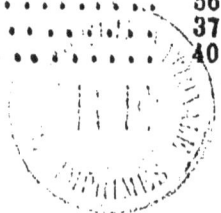

ANGERS, IMP. DURDIN ET CIE.

ANGERS, IMP. BURDIN ET Cie, 4, RUE GARNIER.

.

www.ingramcontent.com/pod-product-compliance
Lightning Source LLC
Chambersburg PA
CBHW072245270326
41930CB00010B/2281